H. Nissen, C. Koenen

Cäsars Rheinfestung

H. Nissen, C. Koenen

Cäsars Rheinfestung

ISBN/EAN: 9783743332003

Hergestellt in Europa, USA, Kanada, Australien, Japan

Cover: Foto ©ninafisch / pixelio.de

Manufactured and distributed by brebook publishing software (www.brebook.com)

H. Nissen, C. Koenen

Cäsars Rheinfestung

CAESARS RHEINFESTUNG

VON

H. NISSEN UND C. KOENEN.

―――

MIT 9 TAFELN UND 1 TEXTFIGUR.

BONN
UNIVERSITÄTS-BUCHDRUCKEREI VON CARL GEORGI
1899.

A. Zur Geschichte.

Von

H. Nissen.

Die Frage, wo Caesar in den Jahren 55 und 53 v. Chr. den Rhein überschritt, ist sowohl in diesen Jahrbüchern als in älteren und jüngern Schriften oft gestellt, aber sehr verschieden beantwortet worden. Die Erörterungen füllen zwar nicht den gleichen Raum aus, den der Streit über Hannibals Alpenmarsch einnimmt: um so weiter gehen die Meinungen auseinander. Dort gilt es unter wenigen Gebirgspässen denjenigen ausfindig zu machen, der den Berichten des Altertums am besten entspricht; hier dagegen werden auf der 320 km langen Strecke von Mainz bis Xanten etwa 20 Orte zur Auswahl angeboten, an denen die älteste Rheinbrücke gestanden haben soll. Ein Fremder mit klassischer Bildung, der die Ufer unseres schönen Stroms besucht, wird an den treuherzigen ehrenwerten Lokalstolz des Südens erinnert. In Engers überschaut er vom Römerturm die lachende Landschaft und hält im Gasthof zur Römerbrücke Rast, in Bonn freut er sich der Huldigung, die 1898 dem ersten rheinischen Brückenbauer zu Teil geworden ist, sieht ein Steinbild, das den grossen Imperator darstellen soll, liest eine Inschrift, die in bedenklichem Latein das Gedächtnis des Brückenschlags von 55 v. Chr. erneuert. Unwillkürlich kommt ihm in den Sinn, wie einst 7 Städte den Ruhm beansprachten, Homer der Welt geschenkt zu haben, wie in einer jüngeren Vergangenheit Gemeinden der Romagna die Entscheidung des obersten Gerichts darüber anriefen, an welchem Bach Caesar das geflügelte Wort vom Würfel gesprochen habe, dessen Rollen die Republik vernichtete. Derartigen Lauffehden geht der Reisende mit Bedacht aus dem Wege und überlässt den Einheimischen sie selbständig zu schlichten. In der That kann die Frage nur durch gründliche Ortsforschung gelöst werden. Aber es handelt sich dabei nicht um die Liebhaberei dieses oder jenes Kirchturms, sondern um ein wichtiges Kapitel deutscher Geschichte; denn von den Übergangsstellen hängt unmittelbar die Bestimmung der Wohnsitze ab, welche die Stämme am Mittelrhein inne hatten, als das erste Licht der Überlieferung auf sie fiel. Auch darf man in diesem Zusammenhang von der Ortsforschung wertvolle Aufschlüsse über die Anfänge rheinischer Cultur und deren Fortentwicklung erwarten. Allerdings wäre es ein unerhörter Glücksfall, wenn der Spaten ein schriftliches Zeugnis über Caesars Brückenschlag an den Tag fördern sollte: gefälschte Inschriften sind am Rubicon ausgiebig verwandt worden und fehlen ebenso wenig am Rhein. Angesichts der bisherigen Erörterungen ist der Zweifel durchaus berechtigt, ob es überhaupt möglich sei, das gesteckte Ziel zu erreichen. Bei näherer Überlegung jedoch heben sich mehrere Wege ab, die zum Ziel führen; es genügt nicht, einen einzelnen zu verfolgen; wenn alle auf denselben Punkt ausmünden, wird Gewissheit erlangt. Mit anderen Worten muss die Lösung der Aufgabe den Militär und Techniker, den Philologen und Altertumsforscher gleicher Massen befriedigen. Sehen wir uns zunächst die verschiedenen Beweismittel an, die von den Vorgängern benutzt worden sind.

I. Der Stand der Frage.

Das erste Wort gebührt dem Philologen: die Aussagen des Schriftstellers geben die Grundlage der Untersuchung ab, dürfen nicht in willkürlicher, dem Sprachgebrauch widerstrebender Weise gedeutet werden. Leider fehlt jeder Hinweis auf die Beschaffenheit des Ufers, wo die Übergänge erfolgten, aber es heisst doch in den Commentarien VI 9 *paulum supra eum locum quo ante exercitum traduxerat, facere pontem instituit.* Oberst v. Cohausen, der die römisch-germanische Forschung im Allgemeinen und die vorliegende Frage im Besonderen bedeutend gefördert hat, setzt die erste Brücke bei Xanten und die zweite bei Neuwied an: mit dem Bemerken, dass „ein Abstand von 90 Millien vom fernen Rom aus gesehen, und nach der Anschauungsweise Caesars, der über die grössten Märsche und über seine eigenen Reisen zwischen Rom und Gallien mit der grössten Leichtigkeit weggeht, immer noch klein erscheint"[1]. Wenn ein alter Soldat der Ansicht *Caesar supra grammaticam* huldigt, so ist davon kein Aufhebens zu machen. Schlimmer erscheint es, dass Philologen ihm darin folgen und jene Ansätze durch die neueren Karten verbreiten. Übrigens hat schon vorher Franz Ritter den ersten Übergang bei Bonn, den zweiten bei Neuwied gesucht, mithin das *paulum supra* auf einen Abstand von 30 Millien ausgedehnt[2]. Aber der Wortlaut und die mit Recht gerühmte Klarheit des caesarischen Ausdrucks gestattet nur an ein paar Kilometer zu denken. Daran muss bis zum bündigen Beweise des Gegenteils festgehalten werden.

Sodann hat der Techniker eine Stimme. Um die Erklärung von IV 17, eines Kapitels, an das die Tertianer und ihre Lehrer mit Schaudern zurückzudenken pflegen, hat v. Cohausen durch die angeführte Schrift sich ein unleugbares Verdienst erworben, insofern Männer der Praxis zur Mitarbeit an-

---

[1] Caesars Rheinbrücken philologisch, militärisch und technisch untersucht, Leipzig 1867, p. 10; vgl. Bergk, Zur Geschichte und Topographie der Rheinlande in römischer Zeit, Leipzig 1882, p. 14, H. Dünser, Westd. Zeitschr. I (1882) p. 299.
[2] B. Jb. XXXVII (1864) p. 24.

geregt worden sind. Mancherlei Vorschläge tauchten auf und wurden als unhaltbar erwiesen. Ein vorzüglicher Kenner bemerkt: „es ist für die Auslegung der Commentarien ein Unglück gewesen, dass die Techniker irgend eine von ihnen für leicht ausführbar gehaltene Verfestigungsweise, die sie sich einmal in den Kopf gesetzt hatten, wie Cohausen die Weidenbänder, Napoleon III. die von einem zum anderen Pfahlpaare reichenden über Kreuz gelegten Latten, Rheinhard den unverrückbaren Dreieckverband, durchaus in die Stelle des römischen Schriftstellers haben hinein interpretieren wollen, ein anderes Unglück, dass die Philologen dieser angeblichen Einsicht der Bauverständigen Rechnung tragen zu müssen geglaubt haben. Die Ingenieure sagen nämlich ganz einfach: so würden wir es unter den Umständen angegriffen haben, folglich kann Caesar es auch nicht anders gemacht haben"[1]. Auf die Einzelheiten der Verhandlungen braucht nicht eingegangen zu werden[2]. Ihr Ergebnis ist von allgemeinem Wert. Es wird anerkannt, dass die Brückenpfähle eingerammt und durch Eisen verbunden werden mussten, um widerstandsfähig zu sein: beides im Gegensatz zu v. Cohausen, der Caesar seine Brücke mit Weidenbändern und den rohen Mitteln der Flösserei erbauen liess. Also war ein ziemliches Quantum von Eisen, vor allem Beile, Sägen, Bohrer und anderes Werkzeug nötig, um die Hölzer und Rammböcke herzurichten. Das Unternehmen passt nicht für den Urwald, sondern für eine Gegend mit entwickeltem Gewerbe und Verkehr. Über den Culturstand der Rheinufer aber gewähren Grabfunde uns ein urkundliches Zeugnis. Wir erwarten von demjenigen Ort, der für den Brückenschlag in Anspruch genommen wird, dass er vorrömische Gräber in grösserer Zahl aufweist.

‹ In militärischer Hinsicht liegt die Sache sehr einfach. Der Übergang kann nur im Bereich von alten Verkehrstrassen und in offenem, übersichtlichem Gelände erfolgt sein. › Unbedingt ausgeschlossen sind die Strecken, wo der Fluss durch ein enges Thal mit steil abfallenden Thalrändern strömt, d. h. von Bingen bis Engers und von Andernach bis Bonn. Die vielen hervorragenden Militärs, welche die Feldzüge Caesars studiert haben, stimmen denn auch ohne Ausnahme darin überein, dass die Brücke nur, sei es im Neuwieder Becken, sei es unterhalb des Siebengebirges, errichtet werden konnte[3].

Aus historischen Gründen kommt nämlich der Abschnitt von Mainz bis Bingen in Wegfall. Die Brücke verband das Gebiet der Treverer mit dem der Ubier (VI 9). Die Grenzen beider Völkerschaften lassen sich nur in allgemeinen Umrissen ziehen. Aber die Treverer haben schwerlich viel über die Nahe hinaus gesessen, da Rheinhessen und Pfalz von germanischen Stämmen

---

1) Heinrich Justus Heller, Philologischer Anzeiger XIV (1884) p. 542.
2) Die Schriften werden aufgezählt von Hübner B. Jb. LXXX (1885) p. 122. LXXXVIII (1889) p. 54. Neuerdings Pellegrino, Il ponte sul Reno, Borgo a Mozzano 1898.
3) Freilich zieht „ein alter Soldat" in seinen Untersuchungen über die Kriegführung der Römer, Zeitschr. d. Vereins zur Erforschung der Rheinischen Geschichte in Mainz II (1863) p. 244, Coblenz in ernstliche Erwägung.

bewohnt war¹). Auf dem rechten Rheinufer wurden die Ubier von den Sueben anhaltend zurückgedrängt. Wenn die Treverer 58 den drohenden Einfall von 100 suebischen Gauen melden (I 37), 53 von dem nämlichen Volk Hülfstruppen erhalten (VI 2. 9), so kann die Gegend um Mainz nicht mehr in den Händen der Ubier gewesen sein. Ausserdem war von hier aus der Feldzug gegen die Sugambern 55 innerhalb der Frist von 18 Tagen (IV 19), desgleichen die Märsche von 53 unmöglich. (Hauptmann Hoffmann sieht einen Hauptbeweis für den Übergang Caesars bei Neuwied „darin, dass es keine weitere Stelle am ganzen Rheinstrom giebt, von welcher Caesar zugleich gegen die Sigambern, Bewohner der Sieg, und gegen die Catten, Bewohner von Hessen, der Oberlahn und den äussersten Nassauischen Ländern gegen den Main hin agieren konnte. Jene Völker schlossen die Ubier in einem weiten Kreise ein, dessen Centrum der Kessel von Neuwied ist. Von hier aus konnte er als aus einem Mittelpunkte nur allein zu jenen Bögen der Peripherie gelangen. Wer einen andern Punkt annimmt, wie Mainz oder Köln, muss die allgemein angenommenen und natürlichen Sitze jener Völker widernatürlich verrücken"²). So ein verdienter Lokalforscher in Neuwied. Umgekehrt weist der westfälische Geschichtschreiber der Sigambern nach, dass beide Brücken unfern des 51. Breitengrades, wenig unterhalb Kölns geschlagen worden seien, weil das Rothaargebirge mit der höchsten Bergkuppe in Westfalen die Stammesgrenze nach Süden gebildet habe. „Bei den Bewohnern der Länder an der einen und andern Seite des Gebirges zeigt sich eine auffallende Verschiedenheit, nicht bloss hinsichtlich der Sprache, sondern auch der Körpergrösse, Lebensweise u. s. w.; sie weichen namentlich in der Brotbereitung ganz und gar, im Häuserbau erheblich von einander ab"³). In Köln dachte man sich die Ubier im Bergischen sesshaft, so dass ihre Verpflanzung aufs linke Ufer durch Agrippa gewissermassen einen einfachen Umzug (quer über die Strasse darstellte⁴): dieser Ansicht fehlt es auch heute nicht an Verehrern. Ebenso strittig wie am rechten sind die Völkergrenzen am linken Rheinufer. Cohausen lässt die Treverer bis zum Vinxtbach bei Brohl wohnen, der später die unter- und obergermanische Provinz trennte und die Diöcesen Köln und Trier noch jetzt trennt; Napoleon III. rückt sie nordwärts bis Köln⁵). In den Erörterungen über den Ort der Brücke behaupten die Völkergrenzen mithin einen hervorragenden Platz. Nicht mit Recht. Ob der Pumpernickel in den Kreisen Meschede und Olpe anders schmeckt als in den Kreisen Wittgenstein und Siegen, trägt zur Erhellung des Dunkels, das Caesars

---

1) Zeuss, Die Deutschen und die Nachbarstämme p. 218 fg.
2) Über die Zerstörung der Römerstädte zwischen Lahn und Wied, 2. Aufl., Neuwied 1823, p. 27.
3) Esselen, Geschichte der Sigambern und der von den Römern bis zum J. 16 n. Chr. im nordwestlichen Deutschland geführten Kriege, Leipzig 1868, p. 12.
4) Gelenius, De magnitudine Coloniae, Col. Agr. 1645, p. 1. 384.
5) B. Jb. XLVII (1869) p. 5 fg.

Züge verhüllt, keinen Deut bei. Andererseits werden Meinungen durch ihr ehrwürdiges Alter nicht zum Rang bewiesener Thatsachen erhoben.

Nach Thatsachen hat man denn auch längst ausgeschaut, um aus dem Wirrsal heraus zu finden. Minola zählt 1818 zehn Stellen von Mainz bis Xanten auf, wo vermeintliche Reste der caesarischen Brücken entdeckt worden seien. Er widmet eine eigene Untersuchung der Frage: „warum giebt es am Rheine so viele Stellen, an welchen man den Julius Caesar übergehen liess, da dieser doch nur an zwei verschiedenen überging?"[1]). Der Grund rührt von den Pfahlwerken her, die bei niedrigem Wasserstand sichtbar wurden. Die Pfähle aber sind im Fehdeleben des Mittelalters zur Sperrung der Schifffahrt eingesenkt worden, wie Minola durch Zeugnisse aus dem 14., 15. und 17. Jahrhundert erhärtet. Seitdem haben die von der preussischen Verwaltung angeordneten Baggerungen an einer ganzen Reihe anderer Orte altes Holz zu Tage gefördert, dessen Herkunft nach der eben angeführten verständigen Erklärung einer jüngeren Vergangenheit zuzuweisen ist, gelegentlich auch zugewiesen worden ist[2]). Übrigens mag auch Holz aus römischer Zeit darunter sein. Freilich ist von keinem Feldherrn ausser Caesar bekannt, dass er eine Pfahlbrücke über den Rhein geschlagen habe. Aber der rege Verkehr auf dem Fluss, insonderheit das Bedürfnis der Kriegsflotte musste Hafen- und Wasserbauten ins Leben rufen, für die Holz das bequemste und billigste Material abgab. Es wäre in manchen Fällen richtiger gewesen, an die Spuren solcher Anlagen zu denken, als blindlings auf Caesar zurückzugreifen. Neuerdings bringt die gelehrte Welt allen aus dem Flussbett gewonnenen Aufschlüssen ein berechtigtes Misstrauen entgegen[3]).

So viel von den Brückenresten im Wasser die Rede gewesen ist, so geringe Mühe wurde darauf verwandt, nach etwaigen Spuren auf dem Lande zu suchen. Und doch waren beide Brücken stark befestigt, und doch gewinnt der Nachweis derartiger Befestigungen eine durchschlagende Beweiskraft. Nur in einem Falle, und zwar bereits 1684, ist von dem trierischen Geheimen Rat Freiherrn von Reiffenberg ein caesarischer Brückenkopf entdeckt worden, auf ihm beruhen die Eingangs erwähnten Ruhmesansprüche von Engers: leider jedoch war das betreffende Mauerwerk eine Burgruine des 14. Jahrhunderts[4]). In einem kritisch vorgeschrittenen Zeitalter erklärte Franz Ritter in Betreff der zweiten Brücke: „an noch vorhandene Spuren derselben ist nicht zu denken. Auch wird die Hoffnung aufzugeben sein, dass von den am linken Ufer zu ihrem Schutze angelegten Verschanzungen *(munitiones)* noch ein Stein sich auffinden lasse"[5]). Dem Schreiber waren die Erfahrungen nicht geläufig, die gerade in diesen Jahren in Frankreich durch die grossen für Napoleons

---

1) Beiträge zur Übersicht der römisch-deutschen Geschichte, Köln 1818, p. 226 fg.
2) Freudenberg, B. Jb. XXV (1857) p. 98 fg.
3) Wd. Korrespondenzblatt V (1886) 95. 134. B. Jb. LXXXVIII (1889) p. 51.
4) v. Cohausen, B. Jb. XLVII (1869) p. 10—25; Minola, Übersicht p. 196.
5) B. Jb. XXXVII (1864) p. 27.

Geschichtswerk unternommenen Grabungen gemacht wurden, die später bei uns vor allem durch die Limesforschung wiederholt worden sind. Wir wissen heute, dass Caesar in einem waldreichen Lande seine Schanzen weder mit Ziegeln noch mit Steinen baute, wissen ferner, dass Erdarbeiten untilgbare Spuren im Boden hinterlassen. Damit eröffnet sich eine tröstliche Aussicht. E. Hübner lehnte es 1889 ab, auf die „rein endlosen Vermutungen über Caesars Rheinübergänge einzugehen. Ehe nicht neue und zweifellose Thatsachen vorliegen, ist dem vorhandenen Stoff keine sichere Beantwortung der Frage abzugewinnen"[1]). Vor der Besprechung dieser neuen Thatsachen wird es zweckmässig sein, einen Rückblick auf die Geschichte der Streitfrage zu werfen. Die vielen grundlosen Annahmen einzeln anzuführen würde ermüden, eine vollständige Einigung ist nie erreicht worden: immerhin haben wechselnde Meinungen zeitweise die Oberhand gehabt und hat die ganze Erörterung aufklärend und belehrend gewirkt.

Ohne sich um örtliche Feststellung zu kümmern, nahm Ph. Cluver 1616 die zweite Brücke bei Andernach, die erste wenig unterhalb bei den fälschlich hier gesuchten Condrusen an[2]). ‹Trotz der Unhaltbarkeit der vorgebrachten Gründe hat das Ansehen ihres Urhebers dieser Entscheidung weite Geltung verschafft[3]). Sie wurde schärfer gefasst, nachdem die Entdeckung des Castells von Niederbiber 1791 den Anstoss zu den bekannten ergebnissreichen Grabungen gewährt und die Freude an den Denkmälern, die der heimische Boden birgt, nicht nur in Neuwied, sondern am Rhein und darüber hinaus geweckt hatte. Dazu lieferten die Zeitereignisse einen deutlichen Fingerzeig zum Verständnis der Vergangenheit: in den Jahren 1795—97 nach dem wechselnden Lauf des Krieges hat die französische Armee viermal eine Brücke bei Neuwied über den Strom geschlagen. Hauptmann Hoffmann, der jene Ausgrabungen 1791 bis 1814 leitete, setzt die erste Brücke beim Thurmer Werth an, das auch regelmässig von den Franzosen als Stützpunkt für ihre Übergänge benutzt worden, aber im Altertum angeblich eine blosse Sandbank war, setzt die zweite Brücke beim Dorfe Urmitz, d. h. 3 km weiter oberhalb an. Beide Ansätze kommen der Wahrheit ganz nahe und zeugen von einer bemerkenswerten Einsicht in die Bodengestaltung. Aber der von ihm beigebrachte Beweis ist lediglich ein historischer und oben (S. 4) schon mitgeteilt worden. Wenn vollends den beiden Pfahlbrücken das unselige Gespenst von Engers als Steinbrücke angereiht und zur Abwechslung dem Agrippa zugeschrieben wird, so steht das antiquarische Urteil Hoffmanns nicht auf der Höhe des topographischen. Immerhin fand er Zustimmung: ein halbes Jahrhundert lang galt der Kessel von Neuwied bei der Mehrheit einheimischer und fremder Forscher als Schau-

---

1) B. Jb. LXXXVIII (1889) p. 54.
2) Germania antiqua, Lugd. Bat. 1616, II p. 54 fg.
3) In der Gegend von Andernach und Coblenz, Konrad Mannert, Geographie der Griechen und Römer, Nürnberg 1789, II 1 p. 223.

platz der beiden Übergänge Caesars[1]). Die Kriegswissenschaft bestätigte die Annahme; der badische General von Goeler führt die erste Brücke über das Urmitzer Werth, die zweite 5 km höher über die Insel Niederwerth[2]). Nach Allem verstand sich ganz von selbst, dass Napoleon III. bei seinen Studien über die caesarischen Feldzüge dieselbe Gegend ins Auge fasste. Auf der Weissenthurm überragenden Höhe, von der General Hoche den Übergang der Sambre- und Maas-Armee gelenkt hatte, steht das von der Armee ihrem Feldherrn errichtete und von König Friedrich Wilhelm III. 1839 wieder hergestellte Denkmal. Der weithin sichtbare Obelisk hat dem vom Kaiser mit örtlichen Nachforschungen betrauten französischen Major de Locqueyssie als Leitstern gedient. Die Grabung wurde 1864 wenig unterhalb der Kapelle zum Guten Mann unternommen und soll ein spätrömisches Castell festgestellt haben[3]). An der Richtigkeit des Ergebnisses zu zweifeln, drängt sich eine kürzlich gemachte Erfahrung auf. Da nämlich der Übergang 1796 von den Österreichern hart bestritten wurde, haben die Franzosen bei Weissenthurm eine Reihe von Spitzgräben ausgeworfen, die den römischen verzweifelt ähnlich sehen und so lange täuschen können, bis moderne Fundstücke ihren Ursprung verraten. So ging es bei den Grabungen in diesem Bereich im letzten Winter. Wie dem auch sei, so lieferte der Spaten jenem Offizier nichts, was mit Caesar in Verbindung gebracht werden konnte: hätte der Zufall ihn ein paar hundert Schritt weiter stromauf geführt, so wäre er an richtiger Stelle gewesen. Aber in der von Napoleon I. herrührenden Vorstellung befangen, dass Caesar den Rhein bei Köln überschritten habe[4]), scheint er die Untersuchung mit geringem Nachdruck betrieben zu haben[5]). Kurz und gut, die herrschende Ansicht, die am Neuwieder Becken festhielt, hatte keine monumentale Stütze erhalten, die der Zweifler zu fordern berechtigt war. Gleichzeitig trat General von Peucker entschieden für Köln ein[6]). Seine Beweisführung aus den Wohnsitzen der Völker schwebt in der Luft, weil wir solche ganz ungenügend kennen. Indessen bringt er einen Grund bei, der von Napoleon III. und Anderen wieder-

---

1) So z. B. Heinrich Simon van Alpen, Geschichte des fränkischen Rheinufers, Köln 1802, I p. 369 fg. Minola, Kurze Übersicht dessen was sich unter den Römern am Rheinstrom Merkwürdiges ereignete, 2. Aufl. Köln 1816, p. 193 fg. Herm. Müller, B. Jb. VII (1845) p. 19. Heinr. Düntzer, B. Jb. IX (1846) p. 159. Leonard Ennen, Geschichte der Stadt Köln, Köln 1863, I p. 5. — Albert Forbiger, Handbuch der alten Geographie, Leipzig 1848, III p. 248. W. Drumann, Geschichte Roms, Königsberg 1837, III p. 292. 329. Th. Mommsen, Römische Geschichte, Leipzig 1856, III p. 255. Friedr. Kraner, Caesarausgabe, Berlin 1853.
2) Caesars Gallischer Krieg in den Jahren 58—53 v. Chr., Stuttgart 1858, p. 112. 186.
3) B. Jb. XLVII (1869) p. 27.
4) Nach der im kaiserlichen Auftrage bearbeiteten Carte de la Gaule sous le proconsulat de César, Paris 1861; vgl. das auf St. Helena dictierte Précis des guerres de César par Napoléon cap. 4.
5) B. Jb. XXXVII (1864) p. 230.
6) Das deutsche Kriegswesen der Urzeiten, III p. 140 fg., Berlin 1864.

holt wird und die Gegenpartei ohne Weiteres matt zu setzen scheint. „Überdies ist oberhalb Andernach schon um deshalb die Brückenstelle nicht anzunehmen, weil dort das Rheinbett aus nacktem Schieferfelsen besteht, welcher überall aus dem Wasser hervortritt, und das Einschlagen von Brückenpfählen in der für die Standfestigkeit der Brücke nötigen Tiefe nicht wohl gestattet haben würde." Der Satz wirft auf die ortskundigen Ingenieure, die das nicht beachtet haben sollen, ein wenig schmeichelhaftes Licht. Wäre er richtig, so bedürfte es der seit vielen Jahren fortgesetzten Baggerungen zur Freihaltung der Fahrrinne nicht[1]). Er ist aber falsch. Für Köln entschied sich ferner General Wolf bei Gelegenheit der Aufdeckung des römischen Brückenkopfs in Deutz[2]). Inzwischen jedoch hatte der Kaiser aus sehr berechtigten Erwägungen im Widerspruch mit seinem Ahnherrn und mit seinen Beratern Bonn den Vorzug gegeben[3]). Die Botschaft von der Seine fiel am Rhein auf einen fruchtbaren Boden. Zwar nahmen Professor Ritter 1864 und Professor Klein 1888 nur die erste Brücke für Bonn in Anspruch und beliessen die zweite bei Neuwied[4]), zwar verfocht v. Cohausen in seiner Kritik der Napoleonischen Darstellung die letzte Hälfte des Ritterschen Ansatzes so ausführlich, wie noch nicht geschehen (S. 2). Aber sie fanden in ihren Kreisen kein Gehör, auf Jahrzehnte schied das Neuwieder Becken aus der Nachforschung nach Caesars Brücken aus. Wurde von den Nachbarn der Schatten des frommen Rupertus, der um 1130 Abt von Deutz war, zum Zeugnis für das Alter des Deutzer Castrums beschworen, so liessen sich unschwer ähnliche Beweismittel auch in Bonn beschaffen. Das Provinzial-Museum begann seit 1876 in dem Legionslager zu graben, der Direktor aus'm Weerth erkannte in ihm den Ort der von Caesar 53 errichteten Rheinfestung und vermutete den ersten Übergang bei Wesseling, halbwegs zwischen Bonn und Köln[5]). Die Vermutungen verdichteten sich bei General von Veith zu unumstösslichen Thatsachen[6]). Th. Bergk setzte entsprechend den ersten Übergang unterhalb, den zweiten oberhalb der Siegmündung an, indem er Männern vom Fach überliess, den geeignetsten Punkt genauer zu ermitteln[7]). Für J. Asbach ist das Ergebnis so gut wie sicher[8]). Auf die geringfügigen Abweichungen dieser Ansichten unter einander kommt nichts an. Kaiser Napoleon an der Spitze hatten Bonner Philologen, Archaeologen und Militärs um die Wette Bonns Namen mit den ältesten Rheinbrücken verknüpft. Ihnen schloss sich an der Neige des Jahrhunderts, wie oben bemerkt, die Stadtverwaltung an.

---

1) B. Jb. LXXXII (1886) p. 30, XLVII (1869) p. 7.
2) B. Jb. LXVIII (1880) p. 14. 34 fg. LXXVIII (1884) p. 38 fg.
3) Histoire de Jules César II p. 143, Paris 1866.
4) B. Jb. LXXXVII (1889) p. 166. So bereits Rüstow, Einleitung zu Caesars Commentarien, Gotha 1857, p. 125. 132.
5) B. Jb. LVIII (1876) p. 223. LXVI (1879) p. 170. LXXIV (1882) p. 199.
6) Pick's Monatsschrift VI (1880) p. 87 fg. B. Winckelmannsprogramm 1888 usw.
7) Zur Geschichte und Topographie der Rheinlande p. 16.
8) B. Jb. LXXXVI (1888) p. 122.

II. Die Thatsachen.

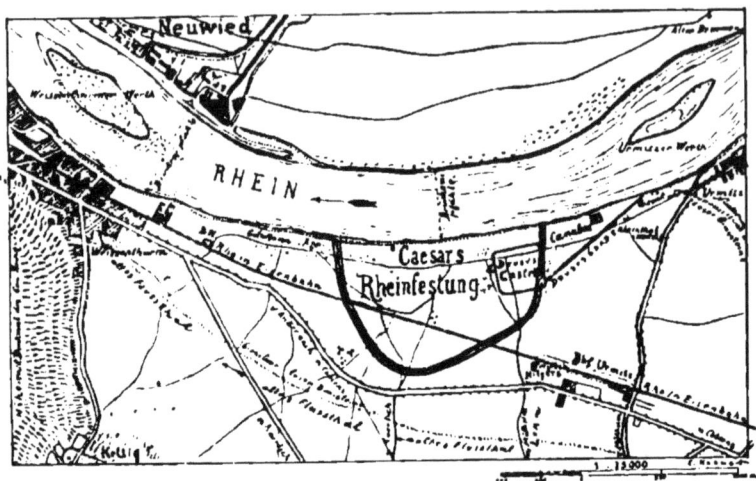

Innerhalb des deutschen Reiches führen gegenwärtig zwanzig feste Brücken über den Rhein, an beiden Ufern laufen Land- und Schienenstrassen hin. Dies ist das Werk des scheidenden Jahrhunderts, das alles was bis dahin zur Erschliessung der Landschaft geleistet war, weit überstrahlt. Welche Fortschritte die Wegsamkeit im Einzelnen bereits gemacht hatte, als der Kampf um die Rheingrenze begann, hält schwer zu sagen. Da indess die Culturarbeit das ursprüngliche Gepräge eines Landes wohl zu verwischen, aber nicht zu zerstören vermag, liegen die von Caesar vorgefundenen Verhältnisse im Grossen und Ganzen klar vor unsern Augen. Für den weit überwiegenden Teil seines Laufes war der Strom von Natur nicht dazu bestimmt, als Völkerschranke zu dienen, als welche er von Galliern und Römern, gelegentlich auch von Germanen betrachtet wurde. Von Basel bis Bingen 360 km lang und die gleiche Strecke von Bonn bis zur Mündung in die Nordsee durchfliesst er weite Ebenen; zahllose inzwischen verlandete Auen erleichterten den Übergang für friedlichen wie feindlichen Verkehr. Ganz anders ist das 120 km messende Mittelstück, das die obere und untere Hälfte trennt, gestaltet. Hier, wo der Rhein das Schiefergebirge durchbricht, ist er auf ein enges Thal beschränkt, dessen Ränder steil abfallen, stellenweise klippenartig vom Wasser bespült werden. Eine Donaufahrt von Passau bis Linz mit ihrer dem Rheinländer fremdartigen Stille kann ihm die frühere Unwegsamkeit der Heimat veranschaulichen. Eine durchlaufende Uferstrasse verdankt das linke Ufer den römischen Waffen, das rechte Ufer der Friedensarbeit unseres Jahrhunderts. Die Anlage von Verkehrstrassen auf den Hochrändern wird durch tiefe Thaleinschnitte erschwert; denn die Mündungen der Seitengewässer erinnern vielfach an blosse Schluchten.

Im Allgemeinen ist das gallische Ufer viel wegsamer als das germanische, das vom Einfluss der Nahe bis zum Siebengebirge wie die Mauer hinter einem Graben aufragt. An einer Stelle jedoch wird die Mauer durch ein breites Eingangsthor unterbrochen und dem Verkehr zwischen Ost und West seine Richtung von der Natur vorgezeichnet. Vom Einfluss der Mosel bis Andernach auf einer Strecke von 18 km erweitert sich das linke Ufer bis auf 3 km, vom Saynbach bis zur Wied auf einer Strecke von 8 km das rechte Ufer bis auf 7 km Breite. Dieser Kessel mit einem grössten Durchmesser von 10 km war in der Vorzeit zu einem Sammel- und Brennpunkt im Völkerleben ausersehen. „Hier bietet das Rheinthal den Hochlanden, die es trennt, vier geneigte Bahnen, die sanft zum Ufer hinableiten. Von Süden senkt sich hier der Hundsrücken über das Tafelgelände der Carthaus zum Zusammenfluss von Rhein und Mosel; von Westen flacht sich die Eifel durch das Maifeld und die Pellenz in Meilenbreite zum Rheinthal ab. Gegen Norden führt eine sanfte Berglehne über Heddesdorf und Rockenfeld zu den Höhen, welche das Rheinufer bis zum Siebengebirge begleiten; und endlich wird der im Osten liegende Westerwald auf einer ebenso sanften Rampe über Heddesdorf, Niederbiber, Melzbach, Rengsdorf nach Altenkirchen hin erstiegen. Keine andere Nebenstrasse führt aus dem Rheinthal, und selbst diese nach Norden, Osten und Süden gerichteten Strassen führen über Gelände, das von beiden Seiten durch Thalschluchten auf eine geringe Breite eingeengt ist." So v. Cohausen in der ausführlichen Schilderung, die er dem Neuwieder Becken gewidmet hat[1]). Der Schilderung entströmt jener kräftige Erdgeruch, der die vom Lampendunst betäubten Sinne erquickend umfängt: mit ihr hat jede militär-topographische Erörterung über den Schauplatz der Rheinübergänge Caesars zu rechnen.

Man begreift nach dem Gesagten ohne Weiteres, warum diese Gegend in der Kriegsgeschichte des 17. und 18. Jahrhunderts einen hervorragenden Platz einnimmt. Den Wert, den die Römer zur Kaiserzeit auf die Behauptung des Kessels nebst seinen Zugängen legten, bekunden die am rechten Rheinufer errichteten Befestigungen. Hätten die Alten nicht jenen ausgesprochenen Abscheu, den Leser mit barbarischen Namen zu belästigen, gehegt, so würden sie sicherlich öfter vom Neuwieder Becken erzählt und uns die Deutung der von ihnen hinterlassenen Spuren erleichtert haben. Freilich reicht die Geschichte des Beckens geraume Zeit vor Ankunft der Römer zurück. Es gab schon menschliche Ansiedelungen, als die Vulkane am Laacher See jene ungeheuren Massen von Bimsstein auswarfen, die einen Umkreis von mehr als 2000 qkm bedeckten. Diese jüngste Erhöhung des Bodens umschliesst aber nicht nur römische und fränkische, sondern zahlreiche Gräber aus früheren Perioden. Die vom Provinzial-Museum bei Andernach vorgenommenen Ausgrabungen haben das hohe Alter und die frühe Blüte der Cultur, die der Ebene eignen, in ein helles Licht gerückt: darüber berichten im LXXXVI. Heft

---

1) B. Jb. XLVII (1869) p. 1 fg.

der Jahrbücher (1888) Schaaffhausen vom anthropologischen, Koenen vom archaeologischen Standpunkt aus. Der Wissenschaft kommt es zu Gute, dass die Industrie seit 3—4 Jahrzehnten rüstig an der Verwertung der vulkanischen Decke arbeitet. Der Bimsstein wird mit Kalk gemengt, geformt, an der Luft getrocknet und liefert so den Schwemmstein oder Engerser Sandstein, der abscheulich aussieht und die künstlerische Freude an der Architektur der Rheinstädtchen stört, aber sich durch Leichtigkeit, Trockenheit, Festigkeit und Billigkeit empfiehlt. Die Nachfrage nach diesem Baumaterial wächst von Jahr zu Jahr, und demgemäss die Erzeugung. Der Reisende, der am Rhein die Heimat der Romantik sucht, wird auf dieser Strecke bitter enttäuscht: an beiden Ufern, an der Bahn von Neuwied bis Engers, von Andernach bis Urmitz drängt eine Ziegelei die andere; wenn die Sonne auf den geschichteten weissgrauen Steinmassen liegt, wendet sich das geblendete Auge unwillig ab. In einer ziemlich nahen Zukunft wird die Ausbeute in unmittelbarer Nähe der grossen Strassen wegen Erschöpfung des Bodens aufhören müssen; denn der Bimsstein ist keineswegs gleichmässig über das ganze Becken hin gelagert. Daran ist das Wasser Schuld. Ein Engländer hat kürzlich unseren grünen Rhein einen blossen Industriekanal genannt: das Wort war nicht so gemeint, enthält aber für die Provinz und die preussische Verwaltung ein grosses und verdientes Lob; denn von der Romantik wird kein Volk satt. Als die Auswurfsmassen der Vulkane niederfielen, erfreute sich Vater Rhein ungebundener Freiheit und wechselte nach Belieben sein Bett. Wo der vulkanische Regen auf das Gebiet seiner Herrschaft stürzte, hat er Asche und Bimssand fortgespült. Die geologische Karte von Dechens (Sektion Coblenz) erläutert die Bodengestaltung in lehrreicher Weise. Von Weissenthurm bis Urmitz wird der Fluss von einer Bimssteinbank eingefasst, die 5 km lang und bis 1,5 km breit wird. Südlich davon, etwa 7 m tiefer, liegt Alluvialboden bis zu dem in etwa 1 km Abstand ansteigenden Hügelrand des Beckens. Man sieht, bei der grossen Eruption war hier ein Flussarm, dort eine Insel, die den Bimsstein festhielt. Gegenüber auf dem rechten Ufer beginnen die vulkanischen Ablagerungen erst in 1,5 km Entfernung, um sich alsdann bis an den Fuss der Höhen fortzusetzen: das ganze Reiler Feld zwischen Engers und Neuwied war mithin einst ein Tummelplatz der Fluten. Durch die Ausbeute von Seiten der Ziegeleien wird die Oberfläche der Urmitzer Anschwellung um 4 m und mehr erniedrigt und damit die frühere Bodengestaltung wesentlich verändert. Dagegen ist nichts zu machen; denn ein ungeziegeltes Grundstück erzielt für die Quadratrute den doppelten Preis eines ausgebeuteten. Stellenweise sinkt der Wert eines Grundstücks, wenn die Bimssteinschicht durch breite Gräben unterbrochen wird: diese sind mit Erde und Bimsstein angefüllt und lezterer kann nur durch Sieben aus dem Füllsel gewonnen werden. Die beiden zur Zeit offen liegenden Durchschnitte, Tafel IV. V, führen das Vorkommnis deutlicher vor Augen, als Worte vermögen. Den Zieglern war es als schlechter Boden längst vertraut, vielleicht auch Althändlern, die in den Gruben vorsprachen, um den Arbeitern Grabfunde abzukaufen. Über den Ursprung und Zusammenhang der Linien jedoch ist in diesen Kreisen nicht nachgeforscht worden. Jedenfalls hat Constantin Koenen zuerst ihre Bedeutung erkannt und die Kunde eines hervorragenden Denkmals, des ältesten datierten auf vaterländischem Boden, vor der unvermeidlichen Zerstörung für die Wissenschaft in zwölfter Stunde gerettet. Nach seinen in Andernach gemachten Erfahrungen schlug Koenen dem Direktor des Provinzial-Museums wiederholt vor, der Bimssteinabdeckung von Museums wegen eine erhöhte Aufmerksamkeit zu schenken. Ohne amtlichen Auftrag untersuchte er diese Gegend an freien Sonntagen und entdeckte, wie im zweiten Theil näher ausgeführt wird, gleich beim ersten Besuch im Februar 1898 die römischen Befestigungsanlagen von Urmitz. Dass hier der Brückenkopf Caesars nebst jüngeren Werken zu erkennen, dass endlich der archimedische Punkt zur Lösung der schier unentwirrbaren Brückenfrage gefunden sei, stand ihm alsbald fest. Zunächst erging es ihm wie andern Entdeckern, dass seine kühne Divination auf Zweifel stiess und die Unterstützung von derjenigen Stelle ausblieb, die darum angegangen war. Als ich von der Sache hörte, habe ich mich gern dafür verwandt, dass dem Entdecker eine bescheidene Summe zur Verfügung gestellt würde, um seine Nachforschung fortzusetzen. Als ich sodann von deren Ergebnis am Ort Kenntnis genommen und mit eigenen Augen das Tafel IV wiedergegebene Profil geschaut hatte, erschien es mir selbstverständlich, dass die Untersuchung nicht in ihren Anfängen stecken bleiben dürfe. Die Weiterführung war erst im Herbst nach der Ernte möglich. Hierfür bewilligte auf mein Gutachten hin der Provinzial-Verband die erforderlichen Mittel. Ohne das verständnis- und vertrauensvolle Entgegenkommen dieser Körperschaft sowohl als der Grundbesitzer von Urmitz hätte der gegenwärtige Bericht nicht erstattet werden können. Die Grabung des Provinzial-Museums wurde von Koenen im October 1898 eröffnet und bis Anfang März 1899 fortgeführt. Bald nach ihrem Beginn wurde mir die Vertretung des erkrankten Direktors und damit auch die Oberleitung der Arbeiten übertragen. Solche beschränkte sich darauf, den Gang der Arbeiten insoweit zu überwachen, als die Verantwortlichkeit der auftraggebenden Behörde gegenüber erheischte. Mit den bewilligten Mitteln liessen sich nur die Umrisse der Anlage feststellen, die genauere Erforschung der Einzelheiten musste der Zukunft anheim gegeben werden. Wenn ich daher auch im Laufe der Grabung den Ansichten des Leiters nicht immer beipflichten konnte, habe ich mich doch wohl gehütet, ihm eine Aufgabe, die ohnehin an seine körperliche und geistige Spannkraft aussergewöhnliche Anforderungen stellte, meinerseits zu erschweren. Etwaigen Widerspruch zu begründen, bot die geschichtliche Einleitung, die ich zum Ausgrabungsbericht zu liefern versprochen hatte, geeigneten Raum dar. Während ich diese Zeilen niederschreibe, geht mir der Bericht stückweise zu, so dass er, insoweit es nötig erscheint, berücksichtigt werden kann. Sobald eine Nachricht von der in Angriff genommenen Untersuchung des Provinzial-Museums in die Öffentlichkeit gedrungen war, haben militärische Altertumsfreunde ohne Kenntnis des Thatbestandes erklärt, dass an einen Rheinübergang Caesars bei Urmitz gar nicht zu denken sei[1]). Da dieser Einspruch lediglich durch historische Betrachtungen begründet wird, so findet er erst im nächsten Abschnitt seine Erledigung. Aber ich erwähne ihn hier aus Rücksichten der Zweckmässigkeit. Es ist ratsam ohne jede Voreingenommenheit an die Deutung der ermittelten Thatsachen heranzutreten.

Die Bimssteinbank zwischen Weissenthurm und Urmitz liegt in der grossen Axe des Neuwieder Beckens, überragt das jenseitige Ufer etwa um 5 m und die Einsenkung südlich nach den Hügeln zu um 7 m[2]). Sie ist wegen ihrer trockenen hohen das Gelände überschauenden Lage für einen Waffenplatz vorzüglich geeignet[3]). Einen solchen und zwar von bedeutender Ausdehnung und Stärke führt uns der Grundriss Tafel I vor. Auf einer Basis von 1275 m am Rhein zieht eine aus einem Doppelgraben mit mächtigem Holzwall dahinter bestehende Verschanzung in der Länge von 2,5 km halbkreisförmig hin. Indem man berücksichtigt, dass ein erhebliches Stück vom Ufer abgebröckelt ist, kann die umschlossene Fläche rund auf 100 ha veranschlagt werden. Was bedeutet diese Anlage? Darauf lässt sich nicht mit einem Worte antworten. — Caesar beschreibt VII 23 die aus Balken und Steinen geschichteten Mauern der gallischen Städte (*muri autem omnes Gallici huc fere forma sunt*): damit hat die vorliegende Bauart nichts gemein. Schwerer noch fällt ins Gewicht, dass eine Stadt, die an Grösse und Anordnung auffällig an die *colonia Agrippinensis*, die Hauptstadt Germaniens, erinnert, mit landschaftlichem Mass gemessen eine Grossstadt, in der Überlieferung tiefe Spuren hätte zurücklassen müssen, wenn sie bei der Eroberung Galliens bestanden hätte. Eine vorrömische Stadt kann hier schlechterdings nicht gesucht werden. Ebensowenig ein vorrömisches Lager. Die Überlegenheit der römischen Kriegführung beruhte zum Teil auf ihrem vorzüglichen Schanzwesen. Die Nordländer haben es nachzuahmen versucht: aber bei allem guten Willen fehlte ihnen das Schanzzeug. Anschaulich wird dies Verhältnis bei der Belagerung Cicero's im Winter 54/53 dargelegt V 42: *Nervii vallo pedum X et fossa pedum XV hiberna cingunt. haec et superiorum annorum consuetudine ab nobis cognocerant et quosdam de exercitu nacti captivos ab his docebantur; sed nulla ferramentorum copia quae sunt ad hunc usum idonea, gladiis caespites circumcidere, manibus sagulisque terram exhaurire cogebantur. qua quidem ex re hominum multitudo cognosci potuit: nam minus horis tribus X milium passuum in circuitu munitionem pedum XV perfecerunt; reliquisque diebus turres ad altitudinem valli, falces testudinesque quas idem captivi docuerant, parare ac facere coe-*

---

1) Generalmajor Wolf, Kölner Tageblatt Nr. 61, 28. Januar 1899, Oberst Wulff, Rhein. Geschichtsblätter IV (1899) p. 260—70.

2) Die neue Landesaufnahme liegt noch nicht vor. Der Güte des Herrn Generalmajors von Leszczynski vom Grossen Generalstab verdanke ich die Karte der Umgegend von Engers 1:25000, auf Befehl der Kön. Direktion der Kriegsschule zu Engers bearbeitet von Hauptmann von Viebahn 1880, berichtigt 1890 von Hauptmann Giese.

3) Wie auch erhellt aus Tafel IV, die den Ausblick nach Süden wiedergiebt.

perunt. Die Cultur des Landes spiegelt sich in der Schilderung wieder: Hacke und Grabscheit, das gewöhnlichste Arbeitsgerät des Südens, ist nach Belgien noch nicht vorgedrungen. Aber Thürme, Dächer und künstliche Schutzbauten, wozu nach unseren Begriffen eine besondere Ausbildung gehört, werden ohne Schwierigkeiten gezimmert; denn jeder Waldbewohner weiss mit der Axt umzugehen. Die Möglichkeit, dass ein technisch so vollendetes Erdwerk wie das Urmitzer von den Treverern oder Germanen vor Caesars Ankunft hätte errichtet werden können, ist unbedingt ausgeschlossen. — Die Linien durchschneiden ein Gräberfeld, dessen Thongeschirr der caesarischen Epoche entspricht. Die Abmessungen der Werke lassen sich ungesucht auf den römischen Fuss von 296 mm zurückführen. Die Anlage dient als lehrreiches Beispiel für die Vollkommenheit, welche die Festungskunst der Römer am Ausgang der Republik erreicht hatte und wird mit Erfolg zur Erklärung der Caesarischen Denkwürdigkeiten studiert werden. Wenn es nun 53 v. Chr. nach dem Feldzug gegen die Sueben heisst VI 29: *constituit non progredi longius; sed ne omnino metum reditus sui barbaris tolleret atque ut eorum auxilia tardaret, reducto exercitu partem ultimam pontis quae ripas Ubiorum contingebat, in longitudinem pedum CC rescindit atque in extremo ponte turrim tabulatorum quattuor constituit praesidiumque cohortium XII pontis tuendi causa ponit magnisque eum locum munitionibus firmat*, so passt die Bezeichnung *magnae munitiones* auf die Urmitzer Anlage vortrefflich. Vor Alesia hatten 10 Legionen eine ähnlich befestigte äussere und innere Linie von zusammen 37 km Ausdehnung gegen das Aufgebot ganz Galliens zu vertheidigen (VII 69. 74). Bei Urmitz misst die Landfront 2,5 km, die durch den Fluss geschützte Seite halb so viel: nach jenem Verhältnis reichte eine Besatzung von 12 Cohorten für den Platz vollständig aus. Nach Caesars Worten war er für eine längere Dauer bestimmt. Dass er wirklich eine Reihe von Jahren bestanden hat, kann man noch jetzt sehen. Während die Eisenbahn die Festung in schnurgerader Linie durchschneidet, macht die Landstrasse einen flachen Bogen um dieselbe herum. Aus den Bodenverhältnissen ist kein Grund für einen derartigen Umweg von annähernd 200 m zu entnehmen. Aber nachdem Koenen festgestellt hat, dass die heutige Landstrasse an diesem Ort den Zug der römischen Strasse von Mainz nach Xanten wiedergiebt, erklärt sich der Umweg einfach daraus, dass die mächtigen Schanzen ihn erzwungen. Daraus darf man freilich nicht folgern, dass die Festung noch bestand, als die Militärstrasse zur Verbindung jener beiden Hauptplätze am oberen und unteren Rhein erbaut wurde. Sicherlich sind ältere Teilstrecken von ihr aufgenommen worden. Seit der Verpflanzung der Ubier aufs linke Ufer 38(?) v. Chr. musste die Rheinstrasse Köln-Coblenz längst fertiggestellt sein, bevor an die Fortsetzungen nach Xanten und Mainz gedacht wurde. Ein bestimmtes Datum gewährt uns also der eben betonte Umweg des Strassenzugs für die Fortdauer der Urmitzer Festung nicht, wohl aber einen vollgültigen Beweis, dass der Zeitraum nicht zu kurz bemessen werden darf. Geschleift ward sie spätestens 12 v. Chr., als das Castell in der Ostecke entstand. Koenen hat das jüngere Alter des Castells aus den Einschnitten

unwiderleglich bewiesen, ferner in ihm ein Glied der Castelllinie des Drusus
erkannt, endlich aus den Funden seine Erhaltung bis auf Domitian bekräftigt,
unter welchem Kaiser es nach Errichtung des rechtsrheinischen Limes eingehen
konnte. Nach den bündigen Ausführungen meines Mitarbeiters brauche ich hierbei
nicht zu verweilen. Wenn ich die bisherigen Erörterungen zusammenfasse,
so ist die Festung nicht vor Caesar erbaut und nicht nach Drusus behauptet
worden. Damit stimmen die bei der Grabung gemachten Funde aufs Beste
überein. Wenn aber Jemand mit General Wolf annimmt der Erbauer heisse
nicht Caesar sondern Agrippa, so kann man diesem und ähnlichen Einfällen keine
monumentale Thatsache entgegen halten. Ein Zeitunterschied von nur 15
Jahren lässt sich aus dem Thongeschirr überhaupt nicht feststellen, ein urkundliches Zeugnis für den caesarischen Ursprung der Anlage wird annoch vermisst.

In der Richtung der Festungsaxe brachten die Baggerungen 1896 Lang-
holz aus dem Rhein zu Tage, wie Koenen im zweiten Teil erzählt. Die von
Strombauarbeitern als Augenzeugen herrührende Angabe zu bezweifeln, liegt
kein Anlass vor: überdies muss man bei einem Brückenkopf auch ohne monumentale Bestätigung eine antike Brücke ansetzen. Immerhin wäre eine strom-
bautechnische Untersuchung dieser Strecke erwünscht. Im zweiten Teil begegnet die Ansicht, als ob das linke Ufer seit dem Altertum vorgerückt wäre.
Das gerade Gegenteil ist richtig. Isphording hat 1886 durch Baggerung
festgestellt, dass am Thurmer Werth, 1,3 km unterhalb der Festung das linke
Ufer in der Breite von 70 m abgebrochen sei[1]. Ein ähnlicher Abbruch ist
für die ganze Strecke bis nach Kalten Engers hinauf als wahrscheinlich zu
bezeichnen. Die Ursache leuchtet ein: die Stromrinne hatte ehedem eine geringere Wassermenge zu bewältigen als heute. Der rechte Uferrand ist durch
Dammschüttungen, insonderheit die Schlackenhalden der Herrmanns-Hütte un-
kenntlich geworden. Aber dahinter verfolgt man noch jetzt den alten Rhein-
arm, die Schleit oder Schleet benannt, der kaum 1 km abwärts Engers vom
Hauptstrom abzweigt, am Fuss der Bimssteinbank hinläuft, Land- und Schienen-
strasse zum Ausbiegen nötigt und schliesslich vor Neuwied mit dem Hauptarm
sich wieder verbindet. Er ist jetzt bei Engers abgedämmt, aber beim Hoch-
stand des Rheins steigt das Wasser von Neuwied her aufwärts und wird die
Schleet durch aufquellendes Grundwasser zeitweise unpassierbar. Demnach
sind drei Stufen in der Entwicklung des Stromlaufs an dieser Stelle zu unterscheiden. Als die Vulkane ihre Bimssteinmassen auswarfen, war die Urmitzer
Bank eine Halbinsel, die ein Altwasser im Süden einfasste. Sodann nach dem
Ausbruch hat der Strom sich gespalten in einen nördlichen Arm, die Schleet,
und den südlichen Hauptarm mit dem Urmitzer und Thurmer Werth. Endlich,
nachdem der nördliche Abfluss sich verstopfte, musste der Rhein sich mit
einem einzigen Bette begnügen und machte seinem Unmut dadurch Luft, dass
er den hohen Uferrand im Süden zernagte. Vor zweitausend Jahren also zeigte
die Gegend ein anderes Gesicht als heute. Indem bei den Erörterungen über

---

[1] B. Jb. LXXXII (1886) p. 31 fg.

Caesars Übergänge die heutigen Verhältnisse als constant behandelt werden, kommt die einfache Wahrheit nicht zur Geltung, dass ein Strom seine Geschichte hat, die erhebliche Wandlungen aufweist. — Die Vorstellung, dass die älteste Rheinbrücke sich auf eine Flussinsel gestützt habe, ist mit Entschiedenheit zurückgewiesen worden. Dagegen wurden zwei Gründe ins Feld geführt: die Benutzung einer Insel würde den Brückenschlag ungemein erleichtert haben, und ein so wesentlicher Umstand hätte von Caesar nicht verschwiegen werden dürfen. Nun aber sind die Denkwürdigkeiten darauf berechnet, den Leser mit staunender Bewunderung zu erfüllen, unter den gemeldeten Grossthaten steht der Rheinübergang oben an[1]: es konnte also nichts erwähnt werden, das die Leistung zu verkleinern geeignet war. Übrigens ist der ganze Rheinlauf im Altertum so von Inseln angefüllt gewesen, dass es überhaupt schwer gefallen wäre, eine zum Übergang geeignete Stelle, die einer natürlichen Stütze entbehrt hätte, ausfindig zu machen. Einzig und allein aus dieser Beschaffenheit des Strombettes erhält man eine Erklärung, wie es möglich war, dass Caesar 53 v. Chr. ein an das ubische Ufer stossendes Stück der Brücke von 200 Fuss Länge abbrechen und am Ende der stehen gebliebenen Hauptbrücke einen vier Stockwerke hohen Turm errichten liess. General Wolf hat Recht, wenn er einen solchen Turm frei im Rhein stehend als gar nicht denkbar bezeichnet[2]. Von den technischen Schwierigkeiten abgesehen, welche die Errichtung eines derartigen mit Geschützen ausgerüsteten Bauwerks gemacht hätte, wird jede vernünftige Zweckbestimmung vermisst. Weder konnte es das gegenüber befindliche Ufer noch den Strom erfolgreich bestreichen und bot ein Hindernis, wenn die Brücke wieder in Betrieb gesetzt werden sollte. Verständlich wird der Bericht erst durch die Annahme, dass der Turm auf festem Grund und Boden, d. h. auf einer Flussinsel aufgeführt wurde. Sehen wir uns unter diesem Gesichtswinkel die Neuwieder Gegend an, so ist der Turm, der den Zugang zur Brücke sperrte, am rechten Ufer auf dem Reiler Feld zu suchen. Es wäre von Wert, wenn sein Stand ermittelt werden könnte: jede Nachforschung indess nach etwaigen Spuren erscheint wegen der oben erwähnten Anschüttungen von vornherein ausgeschlossen. Weiter ist unter dem Flussarm, dessen Brücke Caesar abbrach, die Schleet zu verstehen: das angegebene Mass von 200 Fuss oder 60 m stimmt. Da nun der Hauptarm die siebenfache Breite hat, so konnte der Schriftsteller, dem es nicht oblag, ein topographisches Gemälde mit feinem Pinsel auszuführen, von der Stromspaltung füglich schweigen. Aber, wendet man ein, so wären es zwei durch einen Zwischenraum von annähernd 1,5 km getrennte Brücken, das abgebrochene Stück stiess nach Caesars Aussage an das Ufer der Ubier und die natürliche Grenze bildet der Hauptstrom. Gewiss, wenn es sich um einen Rechtsstreit zwischen zwei bürgerlichen Parteien gehandelt hätte, so würde der Praetor das

---

[1] Plut. Caes. 22, 5 πίστεως πάσης θέαμα κρεῖττον ἐπεδείξατο τὴν γέφυραν ἡμέραις δέκα συντελεσθεῖσαν.
[2] B. Jb. LXXVIII (1884) p. 49.

Reiler Feld dem Ubier zugesprochen haben. Im vorliegenden Falle entscheiden die Gesetze des Kriegs. Eine Festung ist rings von einem ihr zugehörigen Vorland umgeben, das bei den Römern Pomerium heisst. Eine am Fluss gelegene Festung soll den Uferwechsel sichern und bedarf, um ihren Zweck zu erfüllen, eines Stützpunktes auf dem jenseitigen Ufer. Daraus folgt mit Notwendigkeit, dass das Reiler Feld nach Anlage der Urmitzer Festung in deren Besitz überging und die *ripae Ubiorum* bis zur Bimssteinbank nördlich von der Schleet zurückwichen. Das alles sind selbstverständliche Dinge, sobald man den Versuch macht, die kurze Erzählung Caesars auf die gegebene Örtlichkeit zu übertragen. Ob weitere Aufschlüsse durch Grabung auf dem Reiler Feld zu gewinnen sind, lasse ich dahin gestellt, meine aber, dass es daraufhin genauer untersucht werden sollte.

Das linke Ufer von Kalten Engers ab überhöht das rechte und macht eine Biegung nach Süden, gewährt damit die taktischen Vorteile, die für einen Übergang auf das nördliche germanische Ufer erwünscht sind. Besondere Beachtung verdient es, dass die in alter und neuer Zeit für den Brückenschlag ausgewählten Stellen nahe beisammen liegen. Die Franzosen schwankten 1795 zwischen dem Urmitzer und Thurmer Werth, gaben aber schliesslich diesem den Vorzug[1]). Jener in Betracht gezogene Punkt liegt etwa 1,5 km oberhalb der zweiten caesarischen Brücke. Man kann die Frage aufwerfen, warum Caesar 53 v. Chr. seine Brücke nicht über das Urmitzer Werth legte, da dies doch die Arbeit sehr erleichtert hätte. Darauf lautet die Antwort, dass es ihm damals auf eine dauernde Festsetzung am Rhein ankam: die Umgebung des Dorfes Urmitz der Insel gegenüber ist 6 m niedriger als die Bimssteinbank, auf der er seine Schanzen errichtete und bietet entfernt nicht so günstige Bedingungen für eine Festungsanlage. Der nämliche Grund bestimmte Caesar den ihm aus dem Jahre 55 bekannten Ort 53 mit einem andern zu vertauschen. Was zunächst den Vergleich aus der neueren Kriegsgeschichte betrifft, so gab hier die Feuerwirkung den Ausschlag. Der Vorsprung über Weissenthurm konnte mehrere Batterien etagenförmig aufnehmen und deshalb wählten die Franzosen das Thurmer Werth als Ort des Übergangs. Die viermal wiederholte Brücke lag 400 m unterhalb der ersten Brücke Caesars, letztere 1,9 km unterhalb der zweiten. — Die Kunde von der ersten caesarischen Brücke verdanken wir den wichtigen Untersuchungen, die Baumeister Isphording 1886 angestellt und im LXXXII. Heft dieser Jahrbücher veröffentlicht hat. — Ihr Wert wird durch ein paar Nebenumstände verdunkelt, die einen kritischen Leser vor den Kopf stossen. Am Schluss wird das Bruchstück einer Inschrift mitgeteilt, das in der Nähe der Brückenreste aus dem Rhein hervorgeholt wurde. Es enthält wenige Buchstaben und vielen Unsinn, nennt in trautem Verein Caesar und Varus nebeneinander. Die Schriftzüge sind so schlecht und so modern, dass man lange nach einer gleich plumpen Fälschung suchen kann. Von einem Strombaumeister ist Kenntnis der lateinischen Epigraphik nicht zu verlangen

---

1) B. Jb. XLVII (1869) p. 26.

und dessen Täuschung durchaus begreiflich. Der hieraelige Urheber der Täuschung wird seinen Unfug hoffentlich inzwischen bereut haben. Dass der damalige Direktor das Machwerk den Schätzen des Bonner Provinzial-Museums einverleibte, ist vielleicht das Wunderbarste an der Geschichte; doch ist auch er, wie ein Nachtrag im Inventar zeigt, später zu einer richtigen Würdigung gelangt. Damit wäre ein erster Anstoss beseitigt. — Tiefer greift ein zweiter. Isphording lässt sich in seiner Deutung ganz von den Anschauungen v. Cohausen's leiten, der auch persönlich den Arbeiten beigewohnt hatte. Die Voraussetzungen, dass hier die Brücke von 53 gestanden habe, dass die Pfähle nicht gerammt, dass sie mit Weidenbändern verfestigt gewesen seien (S. 3), dass das 1864 am Guten Mann ausgegrabene angebliche Castell (S. 7) den Brückenkopf bilde, sind samt und sonders irrig. Wir müssen also das Thatsächliche aus der jetzigen Fassung herausschälen. — Von dem neu ermittelten Abbruch des linken Ufers um 70 m war schon S. 15 die Rede. Weiter erwähnt Isphording in Betreff der 6 Stellen innerhalb des Neuwieder Beckens die nach v. Cohausen für einen Brückenschlag in Frage kamen (Kesselheim, Engers, Dorf Urmitz, Guter Mann, Weissenthurm, Nettemündung), dass „trotz der in den letzten Jahren zum Teil in grossem Massstabe ausgeführten Baggerungen bei keinem der genannten Stellen irgend welche Reste der Brücke gefunden sind". Wie 1896 an der Closs Gas (S. 15), so wurde auch 1886 die Voraussage Lügen gestraft, insofern die Reste dort auftauchten, wo man sie nicht erwartet hatte. — An das obere Ende des Thurmer Werth schliesst eine grosse Kiesbank an, die bei mittlerem Wasserstand trocken liegt. Zu beiden Seiten der Bank förderten die von Isphording geleiteten Baggerungen unter einer 1 m hohen Schicht, die aus sehr grobem Geschiebe bestand, Holzreste zu Tage, zahlreicher im linken Arm und zwar auf einer Breite von 5 m und einer Länge von 20 m. Im linken Arm wurden auch 50 m unterhalb „mehrere Stücke von Weiden-, Buchen- und Tannenrundholz 6—8 cm stark unter einer 60—80 cm starken Kiesschicht gefunden". Isphording legt mit Recht dem Umstande ein besonderes Gewicht bei, dass die Holzfunde in beiden Stromarmen gemacht wurden. Damit ist nämlich der Einwand abgeschnitten, dass die Hölzer von der oberen Brücke stammen und durch Kiesschiebungen auf dem Grunde hierhin verschleppt sein könnten. Nach allem, was über die Geschichte der Rheinbrücken bis auf die Gegenwart herab bekannt ist, spricht eine hohe Wahrscheinlichkeit für die Annahme, dass hier wirklich die Spuren des Übergangs von 55 v. Chr. entdeckt sind. — Caesar verweilte damals 18 Tage auf germanischem Boden (IV. 19): *satis et ad laudem et ad utilitatem profectum arbitratus se in Galliam recepit pontemque rescidit*. General Wolf weist überzeugend darauf hin, dass das Material der ersten beim Bau der zweiten Brücke zur Verwendung gelangen musste[1]); davon wird im nächsten Abschnitt nochmals zu reden sein. Ohnehin kann ein so mühevolles Werk vom Erbauer nicht nach Art eines mutwilligen Knaben zerstört worden sein.

---

1) B. Jb. LXXVIII (1884) p. 41.

Wir erwarten, dass es mit Sorgfalt abgebrochen wurde. Isphording denkt sich die Erhaltung der Holzreste folgendermassen: „bei der Zerstörung, sei es durch Eisgang oder Hochwasser, trieben die Holme, Streckbalken, Stangen, Hürden weg, während die Böcke in sich zusammenfielen, durch die Eintreibung in den Kies jedoch an Stellen mit geringer Strömung an dem Abtreiben gehindert wurden und in geneigter Lage liegen blieben, allmählich versandeten, vielleicht gerade die Veranlassung zur Versandung gaben. Solche Reste eines Brückenbockes dürften die gefundenen Stücke sein". Die Unhaltbarkeit dieser Erklärung folgt schon aus der Thatsache, dass die Pfahlreste nur 25 cm Durchmesser haben, während er nach Caesars ausdrücklicher Angabe das Doppelte, $1^1/_2'$, 45 cm, betrug. Die Reste werden zum grössten Teil im Museum von Neuwied (zum kleinern in Wiesbaden) aufbewahrt. Der Augenschein lehrt, dass sie vom Oberbau herrühren. Beim Abbruch 55 v. Chr. hat man sich offenbar alle Mühe gegeben, die schweren Streckbalken, Bock- und Holmpfähle für eine künftige Verwendung in Sicherheit zu bringen. Mit dem Brückenbelag brauchte man es nicht so genau zu nehmen. Das leicht zu ersetzende Stangenholz mag zum Teil in den Rhein geflogen und durch die anhaftenden Nägel und Klammern zum Sinken gebracht sein. Es wurde oben S. 3 bemerkt, dass die Brücke ohne Eisenverband nicht standfest gewesen wäre. Nur unter der Voraussetzung, dass Eisen recht ausgiebig an ihr verwandt war, lassen sich die gemachten Holzfunde erklären. Wäre der Bau nach Art eines Flosses errichtet gewesen, so hätten die Hölzer fortschwimmen müssen. Die Funde aber auf die Brücke von 55 v. Chr. zurückzuführen, wird durch das *paulum supra* die geringe Entfernung der zweiten nachdrücklich empfohlen (S. 2).

Um die Kette des thatsächlichen Beweises zu schliessen, fehlt noch ein Glied. In den Denkwürdigkeiten des Jahres 55 heisst es IV 18: *Caesar ad utramque partem pontis firmo praesidio relicto in fines Sugambrorum contendit.* Danach war die Brücke an beiden Seiten befestigt, und die Auffindung von Spuren dieser Schanzen würde die Deutung der besprochenen Holzreste über allen Zweifel erheben. Am rechten Ufer verwehren die Anlagen der Kruppschen Hermannshütte eine Grabung schlechthin. Am linken Ufer ist der unmittelbare Zugang zur Brücke in der Breite von 70 m durch den Strom abgespült und weitere Nachforschung sehr behindert. Die von Koenen gemachten Versuche haben vorläufig zu keinem Ergebnis geführt. Ein grösseres Castell scheint nicht am Fluss gelegen zu haben; Vermutungen über seinen Platz vorzutragen, wäre zwecklos. Schaaffhausen sagte vor 11 Jahren am Ende seines S. 10 berührten Aufsatzes über die vorgeschichtliche Ansiedelung in Andernach: „wenn man die blühende und nicht rastende Industrie unserer Tage mit Recht oft beschuldigt hat, dass sie die landschaftlichen Schönheiten rücksichtslos zerstöre, so dürfen wir nicht vergessen, dass sie uns für solche Schäden auch manchen Ersatz bietet, indem sie die Erde aufwühlt und verborgene Schätze zu Tage fördert. Möge das jetzt in grossartigem Massstab

betriebene Wegräumen von Bimsstein und Lava in diesem Teile des Rheinthals noch viele merkwürdige und überraschende Funde an das Tageslicht
bringen!"

III. Die Überlieferung.

Die Sicherung der Rheingrenze gegen das Vordringen der Germanen
wird in den Denkwürdigkeiten unablässig als politischer Leitsatz, dem Caesar
während seiner Statthalterschaft folgte, hingestellt. Eine dem Wissen der
Gegenwart genügende Anschauung vom Flusslauf geht ihm ab, er hat weder
die Nordalpen noch das Mündungsgebiet selbst aufgesucht. Die Berichte der
Händler und die auf solchen fussenden geographischen Lehrbücher konnten
höchstens von den grossen Verkehrstrassen verlässliche Kunde vermitteln, für
abgelegene Gegenden fehlten brauchbare Gewährsmänner. Daher ist es nicht
zu verwundern, wenn Caesar die verschiedenen Quellflüsse der Schweiz zusammenwirft, Aare und Rhein verwechselt, andererseits dem Rhein eine Menge
von Mündungen zuschreibt. Aber über das Hauptstück von Basel bis zur
Stromspaltung weiss er vortrefflich Bescheid. Gleich seine erste Waffenthat
nötigte die Helvetier und ihre Verbündeten zur Rückkehr in die verlassenen
Wohnsitze, damit diese nicht von den Germanen in Besitz genommen würden
(b. G. I 2, 27, 28). Im nämlichen Jahre, 58 v. Chr., wurde Ariovist vernichtet
und der Einwanderung am Oberrhein ein starker Riegel vorgeschoben (b. G.
I 31, 33, 35, 37, 44, 53, 54). Die entscheidende Schlacht fand 5 Millien
vom Rhein entfernt statt. In Betreff ihrer Folgen beschränkt sich der Sieger
auf die Bemerkung, dass die Sueben sich auf den Heimweg machten und dabei durch die Ubier schwere Einbusse erlitten. Hundert Gaue der Sueben
hatten etwa in der Nähe von Mainz den Ausgang des Kampfes zwischen
Ariovist und den Römern abgewartet, bevor sie in Gallien einfielen (I 37, 54).
Über politische Massnahmen den Besiegten gegenüber beobachtet Caesar grundsätzlich Schweigen. Indessen geht aus beiläufigen Äusserungen hervor, dass
Triboker, Vangionen und Nemeter, die im Heerbann Ariovists gefochten hatten
(I 51), im Elsass und der Pfalz wohnen blieben. Von Tribokern und Nemetern
wird dies ausdrücklich gemeldet (IV 10, VI 25), von den Vangionen um
Worms kann es nicht bezweifelt werden, weil die ganze Ebene in sich zusammenhängt. Das erforderliche Land hatten die Mediomatriker, deren Namen
im heutigen Metz fortlebt, abtreten müssen[1]) und waren dadurch so geschwächt worden, dass sie zum allgemeinen Landesaufgebot 52 v. Chr. nur
6000 Mann stellten (VII 75). Zum ersten Male wird hier das Verfahren angewandt, das später von Agrippa und Tiberius nachgeahmt wurde, Germanen
auf dem linken Rheinufer anzusiedeln als Stützen der römischen Herrschaft
gegenüber den Galliern, als Grenzwächter gegenüber den Stammesgenossen
am jenseitigen Ufer. — Der nächste Feldzug 57 v. Chr. unterwarf den belgischen Bund. Am Schluss heisst es II 35: *his rebus gestis omni Gallia
pacata tanta huius belli ad barbaros opinio perlata est, uti ab iis nationibus*

---

1) Dies wird b. G. IV 10 angedeutet, von Strabo IV 193 ausdrücklich bezeugt.

quae trans Rhenum incolerent, mitterentur legati ad Caesarem qui se obsides daturos, imperata facturas pollicerentur. Auf die inneren Verhältnisse der Germanen geht der Schriftsteller nicht näher ein. Wir hören nur beiläufig (IV 1, 3, 4), dass die Sueben nach der Niederlage Ariovists und der Sperrung des Oberrheins sich im Norden Luft schafften, die Ubier tributpflichtig machten, die Usipeter und Tenkterer aus dem Lande jagten. Im J. 56 lässt der Feldherr den Rhein durch Reiterei beobachten (III 11). Im folgenden Winter gehen die Usipeter und Tenkterer, angeblich 430 000 Köpfe stark, in der Nähe von Cleve auf das gallische Ufer über. Caesar eilt im Frühling 55 herbei und richtet ein schauderhaftes Gemetzel unter der Masse an. Als der römische Senat über ein Dankfest für den Feldzug beriet, stellte Cato den Antrag, den Urheber der Schlächterei wegen Verletzung des Völkerrechts an die Barbaren auszuliefern. Keiner unter den zahlreichen Verehrern hat Caesars Vorgehen zu rechtfertigen gesucht; der erste Napoleon nennt es völkerrechtswidrig und ungerecht, den Sieg wenig ruhmvoll, der dritte eignet sich die letztere Bezeichnung an. Vermutlich wäre das Bonner Caesardenkmal der Mit- und Nachwelt erspart geblieben, wenn ein Geschichtskundiger an den engen Zusammenhang erinnert hätte, in dem die älteste Rheinbrücke zu jenem ehrlosen Frevel gegen unsere Vorfahren steht.

Immerhin brachte er eine gleiche Wirkung wie die Niederlage Ariovist's hervor. Sie zu verstärken beschloss Caesar die Germanen im eigenen Lande aufzusuchen: *quod cum rideret Germanos tam facile impelli ut in Galliam venirent, suis quoque rebus eos timere voluit cum intellegerent et posse et audere populi Romani exercitum Rhenum transire* (IV 16). Von den drei Teilen, in die der Flusslauf zerfällt, waren der obere und untere durch Ströme von Blut für die römische Herrschaft gewonnen worden. Jetzt kam das Mittelstück, der die Ebene des Nordens und Südens trennende Bergwall, an die Reihe. Wenn man die bisherigen Erfolge und die gesamte Politik Caesars überschlägt, so erscheint das Eingangsthor jenes Bergwalls, das in der Mitte der Grenzlinie liegt (S. 10), als die von Natur gewiesene Stelle des Angriffs. Ein historisch geschulter Forscher wird den Rheinübergang nach dem Neuwieder Kessel verlegen und an der Annahme so lange festhalten müssen, bis ihre Unhaltbarkeit mit triftigen Gründen dargethan ist. Nach Gründen sucht man allerdings in den neueren Erörterungen vergebens. Wenn behauptet wird, das Rheinbett bei Neuwied bestehe aus nacktem Schieferfelsen, so entspricht die Behauptung der Wirklichkeit nicht (S. 8). Oder wenn ein Militär irgend einen Ort am Rhein für besonders geeignet zum Brückenschlag ansieht, so folgt daraus keineswegs, dass Caesar von seinem Gesichtskreis aus ebenso geurteilt habe. Eine geradezu heillose Verwirrung ist durch das Hereinziehen der Völkergrenzen entstanden; diese sind unbekannt und können erst nach Bestimmung der Brücke genauer gezogen werden, der umgekehrte Weg, aus den Grenzen den Ort der Brücke ermitteln zu wollen, führt ins Blaue. Unter den militärischen Sachverständigen, die in dieser Frage das Wort ergriffen haben, verfügt Napoleon III. über das beste gelehrte Rüstzeug:

er weiss, dass beide Brücken nahe bei einander lagen und rückt sie nach der missglückten Ausgrabung bei Weissenthurm (S. 7) so weit als möglich stromauf, d. h. nach Bonn. Darin äussert sich eine richtigere Auffassung der politischen und militärischen Lage, als wenn der Übergang bei Köln oder gar unterhalb Kölns gesucht wird. Aber in Wirklichkeit ist auch dieser Ansatz mit der Erzählung Caesars unvereinbar, keine andere Gegend erfüllt alle Vorbedingungen, die sich an den Vorstoss nach Germanien knüpfen, dies ist allein bei dem Neuwieder Becken der Fall.

Über den 200 km langen Marsch vom Schlachtfeld an der Maas nach Weissenthurm wird keine Silbe verloren. Es ist nicht die Weise des Schriftstellers bei Nebensächlichem zu verweilen, auch wenn uns dies noch so berechtigt erscheint. Beispielsweise ordnete Caesar am Morgen des 21. Februar 49 v. Chr. die Capitulation von Corfinium in den Abruzzen, brach mittags mit 30 000 Mann auf und eröffnete am 9. März die Belagerung von Brundisium, nachdem das Heer im Winter 580 km innerhalb 16 Tagen zurückgelegt hatte. Diese hervorragende Marschleistung ist aus zeitgenössischen Briefen bekannt; in den Denkwürdigkeiten steht davon nichts. — Die Brücke verband das Ufer der Treverer mit dem der Ubier. Jener Name wird in einem weiteren und einem engeren Sinne gebraucht. Im weiteren Sinne bezeichnet er das linke Rheinufer von den Mediomatrikern bis zu den Menapiern (IV 10, VI 9), d. h. von der Nahe bis zur Stromspaltung, befasst also die von den Treverern abhängigen Völkerschaften mit. Nach demselben Sprachgebrauch lässt Dio (XXXIX 47 vgl. b. G. IV 6), was viele Forscher in die Irre geführt hat, die Usipeter und Tenkterer in das Gebiet der Treverer einfallen, wo die Eburonen gemeint sind. Die Alten hatten eine für uns bedauerliche aber an sich berechtigte Abneigung ihre Erzählung mit fremdartigen Namen zu beschweren. Wie die Beschreibung des Rheinlaufs zeigt (IV 10), begnügten sie sich mit einer Auswahl der wichtigsten. Als Clienten der Treverer gelten Eburonen und Condrusen (IV 6); jene heissen *civitas ignobilis atque humilis* (V 28), haben aber nichtsdestoweniger eine kraftvolle selbständige Haltung bewahrt (II 4, V 26 fg., 39, VI 31 fg.). Deshalb ist der Erzähler genötigt, den Namen der Treverer auch im engeren Sinne anzuwenden und auf das Stammgebiet zu beschränken. Die Eburonen wohnen zwischen Maas und Rhein (V 24), den Menapiern benachbart (VI 5). Wo aber ist die Grenze zwischen Eburonen und Treverern zu ziehen? Dehnt man sie mit Napoleon III. nordwärts bis Köln aus, so entsteht eine historische Schwierigkeit. In der Kaiserzeit bildet der Vinxtbach die Grenze zwischen Trierer und Kölner Gebiet. Letzteres ist wesentlich das alte Land der Eburonen, das Agrippa den auf das linke Rheinufer verpflanzten Ubiern angewiesen hatte. Wäre der Kaiser mit seiner Annahme im Recht, so hätte Agrippa den Treverern den 60 km langen Strich von Brohl bis Köln abnehmen und jenen zuteilen müssen, was nicht überliefert und mit dem bei der Ansiedlung verfolgten Zweck kaum vereinbar ist. Der Kaiser hat aber Unrecht. Zu Caesars Zeit lief, wie v. Cohausen annahm (S. 4), die Grenze gerade so wie später. Dies erhellt aus der Erzählung VI 35. Um an der

Plünderung der Eburonen Teil zu nehmen, rücken 2000 sugambrische Reiter 53 v. Chr. aus: *transeunt Rhenum navibus ratibusque XXX milibus passuum infra eum locum ubi pons erat perfectus praesidiumque a Caesare relictum, primos Eburonum fines adeunt . . . invitati praeda longius procedunt;* schliesslich machen sie einen Vorstoss nach Tongern, wo das römische Heer sein Gepäck zurückgelassen hatte. Von der Festung bei Urmitz 44 km zu Thal führt in die Nähe von Bonn; etwa bei Obercassel mögen die Germanen übergesetzt sein; der Bonngau war also 53 so gut eburonisch wie seit 38 oder 19 ubisch. Es ist jedoch nicht allein die Rücksicht auf die späteren Verhältnisse, die empfiehlt die Rheinfestung im Neuwieder Becken zu suchen, die Erzählung selbst nötigt dazu. Die Germanen plündern nach Herzenslust, bevor sie den Anschlag auf das 130 km entfernte Aduatuca unternehmen. Davon brauchte die 12 Cohorten starke Besatzung von Urmitz nichts zu merken, weil der Ardenner Wald, unter welcher Bezeichnung bei Caesar die Eifel einbegriffen ist, dazwischen lag. Aber das kecke Reiterstückchen wird zur Unmöglichkeit, sobald man die Festung nach Bonn oder Köln versetzt. Dann hätten sich die Vorgänge offenkundig in der Ebene abgespielt, hätte ein Teil jener Cohorten den Germanen mit Leichtigkeit die Beute abnehmen und den Rückzug abschneiden können. Ob Caesar einen versteckten Tadel gegen seinen Befehlshaber wegen mangelnder Wachsamkeit dadurch zum Ausdruck bringt, dass er die geringe Entfernung der Übergangsstelle von der Festung hervorhebt, mag auf sich beruhen; ohne Zweifel war es eine Aufgabe des Befehlshabers, den Fluss zu bewachen. Immerhin lässt sich seine Unthätigkeit für Urmitz rechtfertigen, für Bonn oder Köln dagegen nicht. Zum gleichen Ergebnis gelangen wir bei dem Versuch, die beiden Rheinübergänge Caesars dem pragmatischen Zusammenhang der Begebenheiten einzuordnen.

Der Feldzug 58 v. Chr. reichte hin, um den Oberrhein dauernd in römische Gewalt zu bringen. Nicht so einfach ist es am Mittel- und Unterlauf gegangen. Die Menapier im Mündungsgebiet wurden 57, 56, 55 vergebens mit Krieg überzogen und erst 53 zur Unterwerfung gebracht (II 4, III 9, 28, IV 22, 38, VI 6). Ihre Nachbarn, die Eburonen, werden zwar 57 im belgischen Aufgebot mitgezählt (II 4), haben aber, soviel wir sehen, nicht gegen die Römer gekämpft. Vielmehr wurden sie aus ihrer Abhängigkeit von den Aduatukern befreit, denen sie hatten Geiseln stellen und Tribut leisten müssen (V 27). Vielleicht sind sie damals dem Schutz der Treverer überwiesen worden (IV 6). Die Usipeter und Tenkterer waren 55 in ihr Land eingefallen, um so mehr konnte Caesar bei seinem Vorgehen gegen die Germanen auf ihren Beistand rechnen. Auch die Treverer, die in Gallien die zahlreichste und tapferste Reiterei besassen (II 24, V 3) und in unablässiger Fehde mit den Germanen lebten (VIII 25), waren 55 dem Unternehmen günstig gesinnt. Sie hatten schon 58 römische Hülfe gegen die Sueben angerufen, 57 Reiterei gegen die Belgen geschickt (I 37, II 24), freilich eine selbständige Haltung bewahrt. Wenn Caesar im Zweifel sein konnte, ob er vom eburonischen oder treverischen

Gebiet aus den Rhein überschreiten sollte, so machte der Beitritt der Ubier, die mit ihm Freundschaft geschlossen und Geiseln gegeben hatten, dem Schwanken ein Ende. Es wurde S. 10 auf die Bodengestaltung hingewiesen, die das Neuwieder Becken zu einem Brennpunkt des Verkehrs bestimmte. Nach den bisher bekannt gewordenen Grabfunden lagen auf der linken Stromseite Ortschaften bei Andernach und Weissenthurm. Auch vom rechten Ufer fehlt es nicht gänzlich an monumentalen Zeugnissen[1]), die den Satz IV 3 bestätigen: *hi paulo quamquam sunt eiusdem generis, sunt ceteris humaniores, propterea quod Rhenum attingunt multumque ad eos mercatores ventitant et ipsi propter propinquitatem Gallicis sunt moribus adsuefacti.* Jedenfalls waren alle technischen Vorbedingungen für einen Brückenschlag an diesem Ort des Rheinthals wie kaum irgendwo sonst vorhanden (S. 3). Das Angebot der Ubier, eine Menge von Schiffen für die Überfahrt des Heeres zu liefern, wurde abgelehnt: *navibus transire neque satis tutum esse arbitrabatur neque suae neque populi Romani dignitatis esse statuebat* (IV 17). Dass Caesar beide Ufer durch eine Brücke verbinden wollte, erscheint als eine Forderung militärischer Vorsicht. Aber die Frage, warum er sich nicht mit einer Schiffbrücke begnügte, die ganz dieselben Dienste geleistet und einen Bruchteil der Arbeit beansprucht hätte wie seine Bockbrücke, erhält durch jenen Satz keine befriedigende Antwort. Mit der Herstellung von Schiffbrücken auf grösseren und schwierigeren Flüssen als der Rhein ist, waren die Römer wohl vertraut[2]). Auch ist weder aus alter noch neuer Zeit bekannt, dass eine andere Pfahlbrücke zu Kriegszwecken über den Rhein geschlagen worden wäre. Man könnte meinen, dass Caesar wie die Franzosen am Ausgang des vorigen Jahrhunderts am Thurmer Werth auf einer Schiffbrücke hätte übergehen und den Feind überraschen sollen (IV 18, 19). Da er dies nicht that, sieht es fast so aus, als ob eine dauernde Verbindung beider Ufer beabsichtigt gewesen wäre. Das Verfahren Traians lässt sich dafür zum Vergleich heranziehen: im ersten Krieg, der die Züchtigung der Dacier zum Ziel hatte, wurde die Donau mit Pontons überbrückt; im zweiten, nachdem der Kaiser geschworen hatte, Dacien zur Provinz zu machen, entstand jenes Wunderwerk aus Stein, das die caesarische Rheinbrücke um das Doppelte und Dreifache an Länge übertraf. Indessen sind bei derartigen Erwägungen zwei Umstände nicht aus den Augen zu verlieren: Caesar führte Krieg, um Ruhm und Geld zu ernten; über die beiden Länder, die er zu diesem Behuf 55 v. Chr. heimsuchte, war er nach seinen eigenen Worten sehr unvollkommen unterrichtet. Gerade wie die erste Fahrt über den Kanal der Erkundung Britanniens galt und im nächsten Jahr wieder-

---

1) Nach einer Mitteilung von Herrn Fussbahn ist die Schnuröse eines vorrömischen, anscheinend der älteren Bronzezeit angehörenden Topfes (derart, wie er Koenen Gefässkunde Taf. III 3 abgebildet ist) in der Ziegelei Hau unterhalb der Kruppschen Hütte unter tiefem Schlick gefunden worden.

2) Vgl. die Ausführung Arrians Anabasis V 7 Suidas unter Ζεῦγμα Caesar b. civ. I. 26.

holt wurde, scheint auch der erste Zug über den Rhein wesentlich nur zur Aufklärung über Land und Leute bestimmt gewesen zu sein. Damit wird denn auch die so ausführlich beschriebene Pfahlbrücke in den Bereich unseres Verständnisses gerückt: sie ist kein blosses Schaustück, um den Barbaren Ehrfurcht einzuflössen und die Bewunderung der Landsleute zu erregen, sie ist zugleich die Generalprobe für den Bau, der bei der endgiltigen Festsetzung am Rheinufer errichtet werden sollte. Es wurde bereits S. 19 bemerkt, dass aller Wahrscheinlichkeit nach die Werkstücke nach erfolgtem Abbruch der Brücke für eine spätere Benutzung aufbewahrt worden. Die Bevölkerung von Handwerkern, Krämern und Schiffern, die wir im Neuwieder Becken ansässig zu denken haben, kam nach Caesars Aussage seinen Plänen bereitwillig entgegen. Was nun die Wahl des Ortes für den Uebergang 55 v. Chr. betrifft, so scheint nach den Erfahrungen der Neuzeit das Thurmer Werth in der That die geringsten Schwierigkeiten zu bieten[1]). Endlich findet der Feldzug gegen die Sugambern die einfachste Erklärung. Was Hauptmann Hoffmann von der centralen Lage des Neuwieder Kessels zu den Wohnsitzen der Sueben und Sugambern sagt (S. 4), trifft vollständig zu. Manche Forscher lassen Caesar den Rhein im Angesicht des Feindes überschreiten und in der Front angreifen, was weder vorsichtig noch strategisch vorteilhaft gewesen wäre. Bei Neuwied war das rechte Ufer 40 km unterhalb und nicht viel weniger oberhalb der Brücke befreundet. Unbesorgt konnte das römische Heer über Niederbiber und Rengsdorf die Höhe des Westerwaldes ersteigen (S. 10) und die Sugambern in der Flanke packen. Die S. 23 behandelte Erzählung lehrte uns, dass das Thal der Sieg von diesem Volk bewohnt war. Ob aber Fluss und Volksname zusammenhängen, wie früher angenommen wurde, lassen wir billig auf sich beruhen[2]).

Sugambern sowohl als Sueben wichen vor den Legionen in das Dickicht ihrer Wälder (IV 18, 19); das kürzlich unter den Usipetern und Tenkterern angerichtete Blutbad sowie die vorausgegangene Niederlage Ariovists hatten einen so heilsamen Schrecken verbreitet, dass noch im Winter 54/53 kein germanischer Stamm dem Werben der Treverer Gehör zu geben und den Rhein zu überschreiten wagte (V 55). Dagegen regte sich auf dem linken Ufer ein kräftiger Widerstand gegen die römische Herrschaft. Im Frühjahr 54 rückte Caesar mit 4 Legionen ins Gebiet der Treverer: *quod hi neque ad concilia veniebant neque imperio parebant Germanosque transrhenanos sollicitare dicebantur* (V 2). Er versöhnte die beiden mit einander hadernden Parteien und segelte hierauf zum zweiten Mal nach England. — Im nächsten Winter empörten sich die Eburonen und vernichteten 15 Cohorten durch Hinterlist. Der Schlag musste Caesar um so mehr erbittern, als er gerade diese Völkerschaft mit Wohlthaten überhäuft hatte (S. 23). Das römische Ansehen hatte

---

1) B. Jb. LXXXII (1886) p. 32 fg.
2) Zeuss Die Deutschen und die Nachbarstämme, p. 83, Müllenhoff Deutsche Altertumskunde II p. 221, 226.

eine empfindliche Einbusse erlitten, nur mit Mühe wurde ein allgemeiner Aufstand Galliens verhütet (V 58). An der Spitze der Kriegspartei standen 53 die Treverer, die unablässig die Germanen zur Heerfahrt aufstachelten: die ubischen Nachbarn lehnten ab, die Sueben erklärten sich gegen eine Geldzahlung bereit (VI 2, 9). Vor Ablauf des Winters zwang Caesar die binnenländischen Nervier, mit Anbruch des Frühlings die Senonen und Carnuten zum Frieden (VI 3, 4). Nunmehr eröffnete er den Feldzug zur Eroberung der Rheingrenze. Die Uferstaaten von der Nahe bis zur See, Treverer, Eburonen, Menapier hatten unter sich und mit den linksrheinischen Sueben Freundschaft geschlossen, den Bund durch Eide und Geiseln bekräftigt. Auch die Ubier gaben Caesar Anstoss (VI 9): man begreift, dass sie zwischen Sueben und Treverern eingekeilt füglich nicht an offenen Widerstand denken, noch jenen den Durchzug durch ihr Land über den Rhein wehren konnten. Caesar griff die Verbündeten gleichzeitig auf beiden Flügeln an. Mit der Hauptmacht unterwarf er endlich die Menapier, die bisher der römischen Oberhoheit getrotzt hatten (VI 5, 6). Gleichzeitig schlug Labienus die Treverer und brachte die römerfreundliche Partei ans Regiment: *nam Germani qui auxilio veniebant, percepta Trererorum fuga sese domum receperunt. cum his propinqui Indutiomari qui defectionis auctores fuerant, comitati eos ex civitate excesserunt* (VI 8). — Hierauf vollzieht Caesar mit dem gesamten Heere den zweiten Rheinübergang, um die Germanen für ihren den Treverern geleisteten Beistand zu bestrafen und den Eburonen die Zuflucht hierhin zu versperren: *firmo in Treveris ad pontem praesidio relicto ne quis ab his subito motus oriretur* (VI 9). Den Bau der Rheinfestung erwähnt er erst nach der Rückkehr von seinem Zug gegen die Sueben. Indessen liegt die Annahme im Hinblick auf den Umfang der Arbeiten nahe, dass diese sofort in Angriff genommen wurden: die Schanzen erforderten das Ausschachten und Überwerfen von 40 000 cbm Erdmasse sowie das Herrichten und Verpflanzen von 5000 Baumstämmen. Die Festung konnte bequem das ganze Heer in der Stärke von 40—50 000 Mann aufnehmen, aber einen Notfall, dass er geschlagen hier Zuflucht finden könne, hat der Erbauer sicherlich nicht im Sinne gehabt. Ihn leitete der Gedanke *ne omnino metum reditus sui barbaris tolleret atque ut eorum auxilia tardaret* (VI 29). Die grossartige Anlage beherrschte das Neuwieder Becken nebst den von Gallien nach Germanien führenden Strassen, konnte von der Mitte aus gleichmässig den unteren wie den oberen Stromlauf beobachten, bedrohte die Germanen sowohl als die Treverer. Für dies unruhige gallische Volk dient sie geradezu als Zwingburg, da dessen Lebensader das Moselthal innerhalb ihres Bereiches ausmündet. Zu den vielen anderen Gründen, die den Ansatz der caesarischen Brücke bei Bonn oder Köln unmöglich machen, kommt auch der hinzu, dass eine dort errichtete Festung keine der ihr von Caesar zugewiesenen Aufgaben hätte lösen können; denn sie wäre durch die Ardennen, d. h. die Eifel, und eine Entfernung von den Treverern und deren germanischen Verbindungen getrennt gewesen, die nach dem oben (S. 23) erörterten Einfall der

Sugambern ins Gewicht fiel. Übrigens wird ja auch heute die Mosel durch Coblenz gesperrt, nicht durch Köln.

Während des Rachezuges gegen die Eburonen, mit dem Caesar den Sommer hinbrachte, war die Rheinfestung von 12 Cohorten besetzt (VI 29, 35). Ob die Besatzung im Herbst auf 2 Legionen erhöht wurde — *duas legiones ad fines Treverorum* heisst es VI 44 bezüglich der Verteilung des Heeres für die Winterquartiere 53/52 —, steht dahin. Lagerten die Legionen wirklich am Rhein, so wurden sie jedenfalls abberufen, als die Gallier im Vertrauen auf den bevorstehenden Bürgerkrieg zwischen Pompeius und Caesar gemeinsam die Fahne der Freiheit aufpflanzten. Die Geschichte der Festung ist mit ihrer Räumung im Herbst 53 oder Winter 52 keineswegs zu Ende. Eine hohe Wahrscheinlichkeit spricht dafür, dass die römische Garnison durch eine deutsche abgelöst wurde. Es war Caesar gelungen, die Ubier unlösbar an seine Sache zu fesseln, die Uferstaaten, die allein 53 ihm widerstanden hatten, schieden 52 aus der Zahl der Freiheitskämpfer aus, die Treverer wurden durch die Ubier in Schach gehalten. Auf dem allgemeinen Landtag, der die gallischen Stämme in Bibracte vereinigte, fehlten Remer und Lingonen wegen ihrer Parteinahme für Rom, die Treverer *quod aberant longius et a Germanis premebantur, quae fuit causa quare toto abessent bello et neutris auxilia mitterent* (VII 63). Ob die Adlichen, die 53 mit den Sueben abgezogen waren (S. 26), ihre Heimat zurück zu gewinnen versuchten, wissen wir nicht. Aber 51 sind die Treverer noch aufsässig. In diesem Jahr nach Niederwerfung des grossen Aufstandes erschienen die römischen Adler wieder am Rhein. Caesar verwüstet abermals das Land der verhassten Eburonen und entsendet Labienus mit 2 Legionen zu den Treverern *quorum civitas propter Germaniae vicinitatem cotidianis exercitata bellis cultu et feritate non multum a Germanis differebat neque imperata umquam nisi exercitu coacta faciebat* (VIII 25). Labienus lieferte ein glückliches Reitertreffen, in dem mehrere Treverer und Germanen *qui nulli adversus Romanos auxilia denegabant*, d. h. Sueben fielen, und brachte ihre Fürsten in seine Gewalt (VIII 45). Endlich hält Caesar vor seinem Abgang aus Gallien 50 eine Heerschau *ad fines Treverorum* ab (VIII 52), man versetzt sie passender Weise an den Rhein, wir vermuten die Gegend von Urmitz.

Brücke und Festung haben bestanden, solange Caesar als Statthalter in Gallien schaltete; dafür bürgen dessen eigene Worte. Versucht man sich die Anlage zu vergegenwärtigen, so tritt das Bild einer geplanten Grossstadt entgegen. Ein besonderer Reiz des Bildes liegt darin, dass es uns den ursprünglichen von den Römern notgedrungen übernommenen Holzbau vorführt, während die Denkmäler von Trier, Köln, Bonn, Neuss u. s. w. einer jüngeren Periode nach Entwicklung des Steinbaues angehören. Dass in Urmitz von vornherein an eine künftige Stadt gedacht war, lehrt die Grundfläche, die für einen Brückenkopf viel zu gross ist und nach dem bekannten Massstab anderer Colonien bequemen Raum für 6 oder 8000 Häuser bot. Zur Militärstadt kam für die bürgerliche Bevölkerung ein Feld von entsprechender Ausdehnung hinzu. Durch die Brücke war der Hauptarm des Rheins dem freien Verkehr ver-

schlossen und nur der nördliche Arm, die Schleet, geöffnet. Die Reiler Insel
gewährte ausreichenden Schutz für die *canabae*, ausreichenden Platz für Handel
und Schiffahrt der Ubier. Sie wurde von dem hohen Turm überragt, der den
Zutritt zur Brücke bewachte. Das sind die Grundlinien des Entwurfs, die 53
festgestellt wurden. Denken wir uns eine entsprechende Zahl Veteranen angesiedelt und mit der linksrheinischen Ebene von Andernach bis Coblenz als
Feldmark ausgestattet, so wäre im Centrum des Stromlaufs eine römisch-germanische Stadt erwachsen, die in der Folge wohl von gallischen Gründungen,
wie Trier und Autun, aber von keiner rheinischen erreicht oder überboten
worden ist. — Die Ausführung des Entwurfs ward durch den jähen Tod seines
Urhebers vereitelt. Immerhin hat er den Erben seiner Politik noch eine Zeit
lang vorgeschwebt. Dies lehrt die wichtige Nachricht Strabos IV 194 παροι-
κοῦσι τὸν Ῥῆνον Τρήουιροι καθ' οὓς πεποίηται τὸ ζεῦγμα ὑπὸ τῶν Ῥωμαίων νυνὶ
τῶν στρατηγούντων τὸν Γερμανικὸν πόλεμον. πέραν δὲ ᾤκουν Οὔβιοι κατὰ τοῦ-
τον τὸν τόπον οὓς μετήγαγεν Ἀγρίππας ἑκόντας εἰς τὴν ἐντὸς τοῦ Ῥήνου. Die
caesarische Brücke beschränkte den Flussverkehr zu Gunsten der Ubier und
wirkte ähnlich wie in neuerer Zeit eine Sperre (S. 5). Es ist wohl möglich,
dass die anderen Uferstaaten auf ihre Beseitigung bedacht waren, sobald nach
Caesars Ermordung die Furcht vor dem römischen Namen nachliess. Ausserdem war ein derartiges Werk von der Zerstörung durch Eisgang und Hochwasser bedroht; in welchem Grade, zeigt das Beispiel der berühmten Holzbrücke
in Rom, die 60, 32, 23 v. Chr., 69 u. Chr. von den Fluten fortgerissen ward.
Von der Wiederherstellung der Brücke Caesars sind die angeführten Worte
Strabos zu verstehen; denn es hat nie eine andere feste Verbindung zwischen
Treverern und Ubiern gegeben als bei Neuwied; auch macht die Herstellung
eines halb oder ganz zerstörten Werkes geringere Mühe als ein völliger Neubau.
Der erste römische Feldherr, der den Fussstapfen Caesars folgend den Rhein
überschritt, ist Agrippa gewesen (Dio XLVIII 49). Bei diesem 38 v. Chr.
unternommenen Feldzug ist die Brücke entweder erneuert worden oder hat
noch gestanden. Dem nämlichen Jahr wird die Verpflanzung der Ubier auf
das linke Flussufer zugeschrieben; so von Fischer in seinen vortrefflichen
Römischen Zeittafeln, dem die Neueren sich durchweg angeschlossen haben[1]).
Aber Broelmann und Gelenius rücken das Ereignis 19 Jahre herab[2]). Die
Entstehung Kölns mit der Geburt der Jungfrau Maria zu verknüpfen, geht
freilich nicht an. Davon abgesehen lassen sich die von Gelenius vorgebrachten
Gründe hören. Die Übersiedlung der Ubier bedeutet einen Rückzug der
Römer und konnte füglich nicht das Anrecht auf einen Triumph gewähren, das
Agrippa 38 v. Chr. erwarb. Auch war, um dies Ergebnis zu erreichen, das
Aufgebot eines Heeres überflüssig; die Nachbarn, denen es um das ubische
Land zu thun war, liessen sicherlich die Bewohner ungeschoren ziehen. Weit
einfacher ist daher die Annahme, dass Agrippa mit seinem Rheinübergang

---

1) B. Jb. XV (1850) p. 4.
2) B. Jb. IIC (1895) p. 155 de magn. p. 2.

dasselbe Ziel wie vordem Caesar verfolgte, die Ubier in ihrem ererbten Besitz zu schützen. Unter solcher Voraussetzung würden die 53 im Neuwieder Becken geschaffenen Verhältnisse bis 19 v. Chr. gedauert haben. In diese Zwischenzeit fällt 29 v. Chr. ein Aufstand der Treverer, die ähnlich wie 51 germanische, vermutlich suebische Hülfstruppen herbeigerufen hatten. Nonius Gallus schlug ihn nieder, ging möglicherweise über den Rhein, da sein Sieg zur Verleihung des Imperatortitels führte [1]). Endlich hat Agrippa 19 v. Chr. Gallien befriedet: ἔν τε γὰρ ἀλλήλοις ἐστασίαζον καὶ ὑπὸ τῶν Κελτῶν ἐκακοῦντο (Dio LIV 11). Da der Feldherr seitdem den Rhein nicht wieder aufgesucht hat, kann auch die Räumung des rechten Ufers nicht später gesetzt werden. — Wie sich im Einzelnen die Dinge nach Caesars Abgang gestalteten, lässt unsere dürftige Überlieferung nicht errathen. Aber für die Auffassung Gardthausens [2]), dass Agrippa „die plündernden Schwärme der Ubier zur Unterwerfung und zu fester Ansiedlung am linken Rheinufer bewog", bieten die Quellen keinen Anhalt. Diese bestätigen vielmehr das von Tacitus Germ. 28 ausgestellte Zeugnis: *transgressi olim et experimento fidei super ipsam Rheni ripam collocati ut arcerent, non ut custodirentur.* Die Ubier haben unter dem Druck der Uebermacht 54 v. Chr., nach der Varusschlacht, im batavischen Krieg sich gebeugt, aber stets wieder, wenn die Umstände es irgend gestatteten, nach Kräften der römischen Sache gedient.

Die Frage, wie lange Brücke und Festung bestanden haben, hängt also von der Beantwortung der anderen Frage ab, ob die Ubier 38 oder 19 v. Chr. im Lande der Eburonen angesiedelt worden sind. Das vorliegende Material genügt nicht, um eine sichere Entscheidung zu treffen. Wohl aber genügt es, um Agrippa die Urheberschaft der Urmitzer Festung abzusprechen. Bis zu seinem 12 v. Chr. erfolgten Tode, ein volles Menschenalter lang beschränkt sich die römische Politik auf die Vertheidigung der Rheingrenze, beobachtet eine bedächtige Vorsicht, die von dem kühnen Vorgehen Caesars sehr absticht. Erst als der junge Drusus den Oberbefehl in Gallien übernahm, werden neue Bahnen eingeschlagen. Aber für den Angriff gegen Germanien dienen fortan als Ausfallfestungen Xanten und Mainz. Militärcolonien im Norden zu gründen, hat Augustus überhaupt vermieden [3]). Der ubische Handel war von Neuwied nach der Stätte des späteren Köln gewandert. Endlich wurden die Treverer zur Ruhe gebracht, indem sie einen grossen städtischen Mittelpunkt an der Mosel erhielten. Derart waren die verschiedenen Aufgaben der Rheinfestung an andere Trägerinnen verteilt, und da sie ihre Daseinsberechtigung eingebüsst hatten, wurden spätestens bei der Anlage der Castelllinie des Drusus Wall und Graben eingeebnet.

---

1) Dio LI 20 CIL. IX 2642.
2) Augustus und seine Zeit, Leipzig 1896, I 2 p. 660.
3) Mommsen, Res gestae divi Augusti, ed. alt., p. 120.

B. Die Ausgrabungen im Winter 1898/99.

Von

Constantin Koenen.

Hierzu Taf. I—IX.

Bodenbeschaffenheit. Die Rheinfestung nimmt im Neuwieder Becken in der Mitte zwischen Urmitz und Weissenthurm eine aus dem Rheinalluvium bis zu 69 m über Meer und 12 m über Rhein hervortretende Bodenanschwellung mit folgenden Schichten ein:

Nr. 1, 0,20—0,70 m Ackerkrume,
„ 2, 0,50—1,00 „ grauer vulkanischer Sand in vielen dünnen Lagen geschichtet,
„ 3, 0—1,59 „ grobe lose Bimssteine (Dachkiesel),
„ 4, 0,90—1,00 „ Bimsstein, durch Tuffmasse in dünnen Lagen verbunden, die unter den Dachkieseln (Nr. 3) besonders deutlich zur Geltung kommen,
„ 5, 0,12 „ Platte vulkanischen Tuffes („Britzbank‘), steinhart, oben mit Nr. 4 und unten mit Nr. 6 verkittet,
„ 6, 1,20—1,50 „ Bimsstein wie Nr. 4, etwas feineres Korn, dichtere Schichtung,
„ 7, unbekannt Rheinlehm, gelblich blau oder braun, nach unten wechsellagernd mit den Geschiebe-, Kies- und Sandlagern des Rheinalluviums.

Festung und Hochwasser. Die vulkanischen Massen sind als Sedimente der Luft nicht nach dem Gesetz der Schwere gelagert. Die Bimssteine der Schichten 3—6, in das Wasser gelangt, treiben nämlich auf der Oberfläche und brauchen Wochen bis zu einem Jahre, um zu sinken; sie sind hier aber vermischt mit gleichzeitig ausgeworfenen, im Wasser sofort sinkenden Devonstücken. Da nun die Schicht Nr. 2, im Bering der Rheinfestung sowohl als auch ausserhalb, von Gräbern und Kochgruben durchschnitten wurde, die bis in die ältere Bronzezeit zurückreichen, so ist die Standfläche der Rheinfestung schon lange vor dem Erscheinen der Römer vom Hochwasser nicht bedeckt worden. In der Übersichtskarte erscheint durch eine gestrichelte Linie die Grenze der Bimssteinverbreitung angedeutet. Die tieferen, ausserhalb dieser Linie liegenden alten Rheinalluvionen hingegen wurden vor, während oder nach dem Naturereignisse, das die Schichten Nr. 2 bis 6 niederlegte, vom Rheine zurückgelassen und sie mögen bis in die Neuzeit hinein oft von seinen Hochfluten bedeckt worden sein. Die Frage, wann der Rhein sich so tief sein Bett eingeschnitten hatte, dass er jene Niederung ausserhalb der primären Bimssteinbedeckung nicht mehr zu überschwemmen pflegte, würde sich nach den auf und in dem Boden der betreffenden Rheinalluvionen vorkommenden Kulturresten beantworten lassen. Beobachtungen dieser Art sind aber bisher nicht zur Genüge gemacht worden.

Ackerkrume und Kulturschicht bei Anlage der Linien. Als die Linien der Rheinfestung gezogen wurden, war die Ackerkrume (Schicht Nr. 1) nicht überall verbreitet. Bei dem Querschnitt Taf. II, Nr. 3 g—h, z. B., welcher Taf. V und Taf. VI, Nr. 1 und 2 im Lichtdruck vorliegt, zeigt der durchgezogene Graben der Holzmauer nach oben nur bis zu der Sohle der Schicht 2 den mit Bimsstein der Schicht 3 und grauem vulkanischen Sand der Schicht 2 vermischten, sich von dem ungestörten, regelmässig geschichteten Boden der Umgebung scharf abzeichnenden Füllgrund.

Art und Weise der Ausgrabungen. Bei den Grabungen liess ich die ehemalige Oberfläche der Festungsanlage blosslegen und jeden Bodeneinschnitt verfolgen, der archäologisches Interesse hatte. So wurden wir allmählich mit den Linien bekannt und erhielten den Grundriss Taf. I. Durchschnittlich standen mir nur vier Arbeiter zur Verfügung, die ich so schulte, dass sie nach meinen Angaben vorzüglich und mit Eifer die Linien zu verfolgen wussten. Als Vorarbeiter diente mir der Taf. V verewigte Bimssteinarbeiter Flöck. Die geometrische Aufnahme, das Auf- und Abzeichnen und das Photographieren der Linien nahm ich persönlich vor. Ebenso führte ich die Verhandlungen mit den Inhabern der zu durchgrabenden Parzellen.

Schwierigkeiten der Grabungen. Die Grabungen waren freilich nur im Rahmen der gegebenen Verhältnisse folgerichtig durchzuführen. Hatte doch die zu untersuchende Strecke eine Länge von unbezu 4 km. Nun war ein Teil dieses die Linien-Einschnitte bergenden Bodens schon vorher abgedeckt oder angeschnitten worden. Dann ist die Fundstelle der Rheinfestung in eine grosse Menge von kleinen Parzellen eingeteilt, die verschiedenen Grubenbesitzern, Ökonomen, Pächtern und Unterpächtern gehören. Von dem Wohlwollen dieser Unbeteiligten hing die Genehmigung einer Grabung ab. Manche Felder konnten, weil sie mit ewigem Klee bestellt waren, nicht durchgraben werden. Andere Parzellen lagen in Verkaufsverhandlung und es musste die Zusage des neuen Besitzers abgewartet werden. Noch schwieriger gestalteten sich die Verhältnisse da, wo die Entscheidung von Geschwistern abhing, von denen nicht alle einer Grabung gleich hold gegenüberstanden. Die meisten Grundstücke konnten überhaupt erst nach der Ernte in Angriff genommen und mussten vor der Winterbestellung wieder sauber eingeebnet werden. Den Ausschlag gab schliesslich die Witterung. Zu diesen Schwierigkeiten kam noch der Umstand, dass ich für das Provinzial-Museum auch noch ein von Lagerbauten besetztes Terrain von 7 Morgen Grösse bei Neuss zu untersuchen und dort etwa 20 Arbeiter beschäftigt hatte. Es traten dieselben Anforderungen an mich heran wie in Urmitz.

Wenn es dennoch gelang, in der kurzen Zeit vom 17. Oktober 1898 bis zum 22. Februar 1899 ausser den Ergebnissen bei Nenss und einer mehrwöchentlichen Grabung bei Weissenthurm, die Resultate zu erzielen, welche nunmehr besprochen werden sollen, so haben wir das nicht wenig Herrn Geheimrat Nissen zu verdanken, der als stellvertretender Museums-Direktor mir sein volles Vertrauen schenkte, mir eine unbeschränkte Selbständigkeit bei der durch die Logik des Spatens zu lösenden Aufgabe verschaffte, mich bei seinem häufigen Besuch für die Sache begeisterte und die Mittel für die Grabungen beantragte und befürwortete.

Die Festungslinien. In der oben geschilderten Weise wurde ein schmales, tiefes, durchgehendes Gräbchen festgestellt, das von zwei mit diesem parallel laufenden, durch weite Zwischenräume getrennten breiten Gräben begleitet wird. Diese Linien gehen 700 m unterhalb der stromaufwärts gelegenen Spitze des Urmitzer Werts vom linken Uferrande bogenförmig landeinwärts; sie durchschneiden in einer Entfernung von 158 m die Rheinstrasse und 17,90 m nördlich der Bahnlinie Coblenz-Andernach das Judengässchen; 10,90 m östlich des Bahnsteins $\frac{80}{17}$ ziehen sie durch das Bahngeleise und treten südlich in ihrer weiteren Rückenausdehnung bis zu 114 m Mauergraben Abstand an die Coblenzer Strasse heran, wo diese die Closs-Gasse und den Gutenmanns Weg aufnimmt. Von hier aus wenden sich die Linien in stark abgerundetem Bogen nach Norden; sie durchschneiden mit ihrer Ostseite ca. 28 m westlich des Steines $\frac{79}{9}$ das Bahngeleise. Etwa 117 m oberhalb der Kapelle am Guten Mann überschreitet die Mauer die Rheinstrasse und zielt hier auf den Rhein. Dieser Punkt liegt 1100 m oberhalb der östlichen stromaufwärts gerichteten Spitze des Weissenthurmer Werts und 1250 m oberhalb der Stelle, wo Isphording im Rhein Pfähle fand.

Die Entfernung der beiden gedachten Linien-Endpunkte am Rhein, entlang des linken Ufers, beträgt 1274,50 m. Zieht man von den Endpunkten aus eine gerade Linie und misst von diesen aus im rechten Winkel nach der weitesten Rücken-Ausdehnung der Festungsmauer, so ergibt sich für die Festung eine Tiefe von 840,70 m. Der Umfang des Bogens, den die Holzmauerlinie von ihrem stromaufwärts gelegenen Ende ab, bis zu der Stelle beschreibt, wo sie am Gutenmann wieder den Rhein berührte, beträgt 2436,50 m. Der Umfang des ganzen jetzigen Innenraumes ist 3711,00 m, der Umfang der äusseren Grabenlinie bis zum heutigen Rheinspiegel ca. 2550 m und der Gesamtumfang der Festung beträgt 3884,50 m [1]).

---

1) Zu berücksichtigen sind noch folgende Masse: Nordostende der Holzmauerlinie bis Nordwestende auf dem oberen Rande der Uferterrasse am Gutenmann 2352 m. Ebendaselbst bis mittlere Terrasse 2363 m. Ebendaselbst bis zum Fuss der Ufer-

B. Die Ausgrabungen im Winter 1898/99.

Breite der Mauer und Gräben. Die obere Breite des Einschnittes der Umfassungsmauer, an 28 Stellen gemessen, zeigt durchschnittlich 0,580 m (0,592 m = 2 pedes). Die Tiefe des Einschnittes reichte bei der Erbauung bis zu 2,45 m unter der Oberfläche; an vielen Stellen ist sie nur 1,50 m, ja in der Regel noch etwas weniger tief. Die Normaltiefe scheint, wo keine besonderen Anlagen eine bedeutendere Tiefe bedingten, 1,48 m (5 pedes) betragen zu haben.

Der innere Graben ergab bei 54 Messungen eine durchschnittliche Breite von 8,482 m (8,880 m = 30 pedes). Die Tiefe betrug, wo sie genau gemessen werden konnte, annähernd 1,776 m (6 pedes)[1]).

Der äussere Graben ist nach 18 Messungen durchschnittlich 7,206 m breit (7,400 m = 25 pedes).

Breite des Raumes zwischen den Gräben. Die Entfernung des freien Raumes zwischen der Holzmauer und der inneren Seite des inneren Grabens beträgt nach 40 Massen durchschnittlich 6,382 m (5,920 m = 20 pedes). Wo die innere Grabenlinie ihren von den Unterbrechungsstellen unbeeinflussten normalen Lauf zeigt, hat sie 20 pedes.

Zwanzig Messungen des Abstandes des freien Raumes zwischen dem inneren und dem äusseren Graben ergaben als Durchschnittsbreite 11,710 m (11,840 m = 40 pedes)[2]).

---

terrasse 2375,50 m. Diese Masse haben Bedeutung, weil man nicht sagen kann, wo die Rheinflanke der Festung lag. Die Rheinuferterrasse am Gutenmann könnte recht wohl das römische linke Ufer gebildet haben. Aus diesem Grunde ist ferner zu beachten: Von der groma aus auf der Linie des decumanus gemessen ergiebt:

im rechten Winkel bis zum heutigen Rheinufer   292,00 m,
  „ „ „ „ „ „ höheren Uferrand oben 285,00 „
  „ „ „ „ „ „ „ Mitte 299,00 „
  „ „ „ „ „ „ „ Fuss 310,00 „
  „ „ „ „ zur Rückseite der Festung (Innenraum) 458,00 m.

Die weiteste Ausladung der Festung (Südflanke) liegt 36 m westlich der Stelle, wo der decumanus die Rückseite durchschneidet. Von der weitesten Ausladung bis zum cardo beträgt die Entfernung 486 m.

Die lichte Breite der Festung, auf dem cardo gemessen, beträgt 1215 m. Nimmt man die Mitte dieser Entfernung als Stelle der groma an, dann würde der decumanus 1 m westlich des Steines $\frac{NO}{5}$ die Bahnlinie durchschneiden.

1) Wo ich im J. 1881 selbst in Vertretung des Herrn Prof. Aus'm Werth an der Ostflanke des Bonner-Legionslagers einen Querschnitt der Linien feststellte, hatte der Umfassungsgraben bei 9,37 m Breite fast dieselben Knicke des Profils, wie die Gräben von Urmitz. Zwischen Graben und Umfassung fand ich einen nach der Escarpe sich senkenden freien Raum von 7 m. Die vom Markscheider des Königl. Oberbergamtes, Herrn Hauptmann a. D. E. Lüling † angefertigten Aufnahmen befinden sich im Archiv des Provinzialmuseums zu Bonn. In Novaesium wurden ähnliche Profile gefunden.

2) Der an der Südflanke der Neusser Grenzfestung festgestellte Turm springt in der Weite des Urmitzer freien Raumes zwischen innerem Graben und Umfassungsmauer, also 20 pedes, vor die Umfassungsmauer vor.

Form der Linien-Querschnitte. Hierüber geben Tafel II Nr. 1 und Nr. 2 gute Querschnitte und die im Lichtdruck Taf. IV, V und VI wiedergegebenen Naturaufnahmen Aufschluss. Die Schnittstelle (Nr. 1) liegt Taf. II, Nr. 3 bei p—q. Dieser Schnitt wurde im rechten Winkel zur Umfassungsmauer genommen.

Den Querschnitt Taf. II, Nr. 2 (vgl. Lichtdruck, Taf. IV) fand ich vor dem Beginn der Grabung des Museums in einer Bimssteingrube 280 m vom linken Rheinufer.

Ein dritter Querschnitt der Linien trat durch das Bimssteinabdecken bei Taf. II, Nr. 3 g—h zu Tage. Nachdem ich diesen Punkt im vorigen Winter aufgenommen hatte, ist nämlich nach Osten hin der Bimsstein zwischen dieser Linie und dem Querschnitt i—k abgedeckt worden. Den in der Zeichnung gestrichelten Teil kann man jetzt als gefunden betrachten. Wir sehen die neue Profilwand Taf. V im Lichtdruck. Hier wurde auch der Mauereinschnitt photographiert. Den Lichtdruck desselben vgl. Taf. VI, Fig. 1.

In der Konstruktion des inneren Grabens liegt eine Dreiteilung von je 10 pedes vor; denn die innere Böschung (Escarpe) misst 2,960 m = 10 pedes, so breit ist auch die in der Mitte geknickte Sohle und dieses Mass finden wir wieder bei der äusseren, dem Feind zugekehrten Böschung (Contrescarpe). Die Escarpe des äusseren Grabens misst auch 10 pedes, die Sohle ist jedoch ein pes schmäler und die Contrescarpe ergiebt 6 pedes Grundriss-Breite. Es ist nicht unwahrscheinlich, dass es in der Absicht lag, der Escarpe des äusseren Grabens ebenfalls 10, der Sohle wieder 10 und der Contrescarpe 5 pedes zu geben. Soviel über den Querschnitt der Linien.

Unterbrechungen der Umfassung. Die Gräben werden an vielen Stellen unterbrochen und zwar habe ich bis jetzt schon 21 Stellen gefunden, an denen der Graben plötzlich endete, um in einer gewissen Entfernung wieder fortzusetzen. Hier haben wir es mit Eingängen und den Stellen von Thorschanzen zu thun.

Bei den Eingängen lassen sich unterscheiden: Haupt- und Ausfallsthore, Seitenthore und Schleichpforten.

Das Ostthor. Von Hauptthoren wurde eines an der Ostseite der Festung gefunden[1]). Dasselbe ist an der Innenseite 7,20 bis 7,50 m (7,400 =

---

[1]) Es war im Februar 1898, als ich von der zuerst gefundenen Stelle Taf. II, Nr. 4 aus die Richtung der Mauerlinie in den Bimsstein verfolgend, den Teil der Festungslinien, welcher Taf. II, Nr. 3 zwischen den Schnittlinien n—o, g—h, i—k und l—m liegt, blossgelegt fand. Wenn ich damals die Linien nicht entdeckt hätte, wäre diese überaus wichtige Stelle, wie leider so manche andere, dauernd vernichtet worden. Um nämlich den Bimsstein für die Fabrikation zu gewinnen, fahren die Arbeiter im Spätherbst und Winter den die guten, in primärer Lagerung befindlichen Bimssteinen oben bedeckenden, unbrauchbaren vulkanischen Sand (Schicht Nr. 2), den Humus (Schicht Nr. 1) und all den tiefer angetroffenen unbrauchbaren Boden bei Seite. Nachdem so die brauchbaren Schichten Nr. 3 bis 6 auf längerer Strecke aufgedeckt da liegen, werden sie abgefahren, mit Kalk vermischt und zu Schwemmsteinen

25 pedes), von der Mitte aus bis zu der Aussenseite 8 bis 10 m breit. Die rechte Seite des äusseren Grabens biegt sich, schräg nach links gerichtet, nach der Innenseite der Festung und dann hakenförmig nach links bis zu ca. 29,600 m (= 100 pedes) Länge [1]). Der Abstand von der Innenseite des äusseren Grabens links, bis zu der äusseren Seite der hakenförmigen Umbiegung des Grabens rechts, beträgt genau 14,800 m (=50 pedes). Leider war es wegen der Bestellung des westlich der Linie n—o gelegenen Feldes nicht möglich, die mächtige Clavicula weiter zu verfolgen. Da, wo ich die Nordostecke des Endstückes der äusseren Seite des inneren Grabens gezeichnet habe, ist in der Wand, welche den Schnitt n—o zeigt, ein Erdeinschnitt zu sehen. Ob mein Ergänzungsversuch der inneren Grabenunterbrechung wirklich zutrifft, lässt sich freilich erst bei völliger Aufdeckung dieser Stelle entscheiden.

Das Westthor. Die äussere Südseite des Ostthoreinganges liegt 342,50 m vom linken Rheinufer entfernt. Auf dem Übersichtsplan Taf. I ist an der Westseite der Festung durch Schraffierung eine dort befindliche Uferterrasse bezeichnet. Misst man von dieser 342 m entlang der Aussenseite der westlichen Linien, dann erreicht man dem Ostthor gegenüber die Stelle des Westthores. Dieser Punkt ist Taf. III zwischen Nr. 2 und Nr. 3 zu vergleichen. Ich fand hier bei dem Schnitt d—d das Gräbchen der Holzmauer unterbrochen. Bei dem Schnitt a—b und dem Schnitt c—d äussert sich zweifellos die Clavicula der Thoranlage. Es scheint der angeschnittene Graben a—b den inneren und c—d den äusseren Graben in der Thoranlage zu bezeichnen [2]).

---

geformt. Dann wird der unbrauchbare Boden wieder auf den Lehm gefahren, der zur Zeit der Vulkanausbrüche die Oberfläche bildete. Die Arbeiter hatten in dieser Weise den bezeichneten Grundriss der Thore, die Ecke des später zu behandelnden Drusus-Castells, den die Thorlinien durchschneidenden Schanzpfahl-Graben und den Ansatz des Canabae-Grabens blosgelegt, ohne zu ahnen, was vorlag. Es war für mich geradezu überwältigend, auf der Suche nach dem Brückenkopfe plötzlich die mächtige Clavicula der Festung vor Augen zu haben. Über den Ursprung nachdenkend und Beweise suchend, entdeckte ich sofort auch die Ecke des Castells, welches die Festungsgräben durchschnitt. In den Gräben hatten die Arbeiter auch Scherben gefunden und neben dem Castellgraben blieben die Trümmer von Grabgefässen und angebrannten Menschenknochen der Graburnen, welche die Arbeiter hier gefunden und zerschlagen hatten.

1) Diese Anlage, aus den Caesarischen Befestigungen Frankreichs bekannt, fand ich auch unter dem viereckigen Turme des Standlagers von Novaesium. Sie wird erwähnt bei Caesar B. civ. III 67 und Hygin 55.

2) Das Geleise der Bahnlinie Coblenz-Andernach bildet im Bering der Caesarfestung eine gerade Linie, den Ausgangspunkt meiner Winkel; die Nummersteine der Bahn galten mir als Entfernungszeichen von 100 m zu 100 m. Der Schnitt c—d liegt 15 m östlich des Steines $\frac{79}{8}$, im rechten Winkel zur Bahnlinie gemessen, 45,50 m nördlich der nördlichsten Schiene. Nach dieser Angabe kann man das Westthor weiter aufdecken, was eine der ersten Aufgaben für die Fortsetzung der Grabungen sein dürfte.

cardo und decumanus. Eine gerade Linie von der Mitte des Ostthors durch die Mitte des Westthores gezogen, bezeichnet den eingezeichneten cardo maximus der Festung. Die Entfernung von der inneren Seite der Umfassung an der Westflanke bis zu der gleichen Linie an der Ostflanke beträgt 1216 m. In der Mitte dieser Linie würde das römische Winkelkreuz, die groma, aufgestellt worden sein. Im rechten Winkel zu diesem Punkt ist im Plane nach den Regeln der Limitation der decumanus maximus, die eigentliche Längsaxe der Festung, eingezeichnet.

Das Südthor. Wo diese Linie die Südflanke durchschneidet, würde theoretisch das südliche Hauptthor liegen. Die Stelle ist Taf. II, Nr. 5, westlich e — f bezeichnet[1]).

Etwaige andere Thore. Es ist zu berücksichtigen, dass bei einer so umfangreichen Festung auch noch andere grössere Thore vorhanden gewesen sein können. Hat doch schon ein für mehrere Legionen bestimmtes Feldlager ein fünftes und sechstes Thor (portae quintanae Hyg. 14). Eine Stelle, welche ein weiteres grösseres Thor bergen könnte, fanden wir östlich des Kettiger Weges. Wie Taf. III zeigt, wurden hier bei der Anlage eines Quergrabens vor dem inneren Graben anscheinend zwei Gräben gefunden. Der Gang der Grabungen zwang uns auch, eine weitere Verfolgung dieser eigenartigen Stelle bis zur nächsten Untersuchung zu verschieben.

Brückenpfähle im Rhein. An der Stelle, wo, nach der Linie des decumanus, dem Südthor gegenüber am Rhein das Nordthor zu suchen wäre, 60 m westlich der „Closs Gass", ist durch Bimssteinabdeckungen der Boden, in den die Linien eingeschnitten sind, vor einigen Jahren abgefahren worden. In dieser Gegend fand man im Rhein Brückenpfähle. In dem Übersichtsplan ist diese Fundstelle eingezeichnet. Der Brückenandeutung gab ich die Breite der von Napoleon in seinem Werke über Caesars Feldzüge abgebildeten Rekonstruktion. Vor dem Nordende ist eine quadratische dunkle Stelle zu sehen. Soweit würde nach der Angabe Caesars nach seiner Rückkehr vom zweiten Rheinübergange die Brücke abgebrochen und hier der vierstöckige Wachtturm errichtet worden sein[2]). Gegenüber am Ufer wären die Spuren des rechtsrheinischen Brückenkopfes zu suchen.

---

1) Leider mussten wir hier, wo der innere Graben sich plötzlich verengt und die Anfänge des Thores vielleicht gefunden sind, die Arbeit einstellen, weil der betreffende Acker bestellt war. Aus demselben Grunde war auch der äussere Graben hier nicht verfolgbar. Die Aufdeckung dieses Punktes wäre eine zweite Aufgabe späterer Grabung. Da die Kriegslager Caesars, welche Napoleon in Frankreich aufgedeckt hat, nicht stets eine genaue Berücksichtigung der Limitationsregeln zum Ausdrucke bringen, wäre von doppeltem Interesse, Sicherheit über diesen Punkt zu gewinnen.

2) Vor Beginn der Museumsgrabungen lud ich meine Frau ein, mit mir die Brückenstelle zu ermitteln. Bei den Dorfbewohnern in Urmitz zog ich Erkundigungen nach Funden ein und in übereinstimmender Weise erklärte man uns, dass bei den

Die Ausfallsthore, durch eine breite Unterbrechung des äusseren Grabens erkennbar, sind in ihrer Formgebung durch die Grundrisse Taf. II und Taf. III verdeutlicht. Von diesen haben die vier messbaren eine durchschnittliche lichte Weite von 9,745 m (8.88 m = 30 pedes). Eigentümlich ist die bei 14 m langem Zuge plötzlich beginnende Einschnürung des rechten Grabens bei T. 3. Die Fortsetzung, durch Bimssteinabdeckung in früheren Jahren abgetragen, ist leider nicht verfolgbar (Taf. II, Nr. 25, T. 3).

Die Thorschanzen. Hinter jedem Ausfallsthore, also hinter jeder Unterbrechung des äusseren Grabens, fanden wir den inneren Graben gleichfalls unterbrochen. Auf letzterer Unterbrechungsstelle stellten sich die Baugräben einer Holzverschauzung vor. Sieben solcher verschanzten Unterbrechungen ergaben eine durchschnittliche lichte Weite von 6,095 m (5,920 = 20 pedes).

Um ein gesichertes Bild des Grundrisses zu gewinnen und etwa vorhandene Baugräben, Pfahllöcher und jede sonstige Spur zu finden, welche über die Beschaffenheit der Einzelheiten Aufschluss geben könnte, habe ich die Grundrisse und deren ganze Umgebung vorsichtig abdecken lassen. Auf diesem Wege erhielt das Museum den Grundriss der Turmschanzen Taf. II, Nr. 3, T. 1 und Nr. 5, T. 3. Von diesen sind T. 1 auf Taf. I bei IV in grösserem Massstabe zu sehen. Ebenso findet man hier, bei V, die Turmschanze Taf. II, 3 deutlicher wiedergegeben.

Auf Taf. I, Nr. IV ist die Festungsmauer hinter der Thorschanze in einer lichten Weite von 1,40 m unterbrochen. Die Endstücke der Mauergrube erweitern sich an beiden Seiten dieser Unterbrechung nach dem Innern der Festung zu einer kreisförmigen Grube. Die südliche hatte oben einen lichten Querdurchmesser von 1,40 m, die nördliche mass 1,30 m bei 0,57 m Breite des Maureinschnittes. Die Tiefe der Gruben, die sich nach unten verengten, betrug 2 m. In diese Gruben wurden offenbar zwei kräftige Baumstämme eingelassen und festgestampft. Die lichte Weite zwischen diesen wird 1,480 m (=5 pedes) betragen haben. Ein solcher Eingang wurde auch bei der Thorschanze Taf. III, T. 6 blosgelegt. Die Grundrisse der übrigen Thorschanzen zeigen, dass zweifellos nicht an allen so hergestellte Eingänge vorhanden waren; denn bei jenen war hinter der Thorschanze der Graben durchgehend, wie Taf. I, Fig. 5 zeigt. An der nordöstlichen Seite des südlichen Baumloches der Thorschanze 1 (vgl. Taf. I, Fig. 4 und Taf. II, Nr. 3, T. 1) lag ein gedrungenes Gräbchen. Vor der Nordostseite der nördlichen Baumgrube erschien eine etwas längere Grube. Von der eigentlichen Verschanzung hatte sich nur die Baugrube erhalten. Die Breite derselben betrug 0,55 bis 0,85 m; an den beiden äusseren Seiten mass ich einmal 1,45 m Tiefe. Die unregel-

---

Baggerarbeiten unterhalb der „Closs Gass" viele lange Pfähle im Rhein gefunden seien, sonst in dieser Gegend nirgendwo. Am nächsten Morgen suchte ich diese Stelle auf, da ich in keiner Weise informiert war, wo die „Closs Gass" lag. Ich war erfreut zu sehen, dass die Fundstelle der Pfähle in der Achse der Festungslinien lag, also hier zweifellos die Pfahlbrücke entdeckt war.

mässige Formgebung ist Taf. I, Fig. 4 zu erkennen. Wir sehen im Grundrisse zwei Teile: den vorderen, welcher nach dem Thore hin abgerundet ist und den hinteren Teil, der mehr oder weniger geradlinig erscheint. Die Tiefe des hinteren Teiles betrug nach deren Messung bei drei Schanzen durchschnittlich 12,326 m (11,840 m = 40 pedes). Die durchschnittliche Tiefe der vorderen Schanze, von der äusseren Seite der Umfassungsmauer aus gemessen, war 16,115 m (16,280 m = 55 pedes). Die durchschnittliche lichte Breite des hinteren Teiles der Thorschanzen betrug 3,337 m, die äussere Breite ziemlich genau 4,440 m (= 15 pedes).

Schleichpförtchen. Die Mitte des abgerundeten Vorderteiles der Schanzen war in einer Länge von 2 m und in einer Breite von 0,60 m für sich abgeschlossen. Erst nach einer Unterbrechung von unbestimmter, aber nur geringer Breite begann die weitere Grabenstrecke des vorderen Schanzteiles. Die Endteile waren wieder abgerundet. Zwischen dem Gräbchen des vorderen und dem des hinteren Schanzteiles war an jeder Seite ein freier Raum von 1,480 m (=5 pedes). Hier haben wir es mit sogenannten Schleichpförtchen zu thun. Auffallend ist die hakenförmige Einbiegung des südlichen Gräbchens des hinteren Schanzteiles, Taf. I, Fig. 4.

Geschützstellen? Ihr gegenüber fand ich neben der nördlichen Seite eine recht roh angelegte Grube von ca. 5,40 m Länge und 1,69 m Breite. Nach unten wurde sie schmäler und für die Einlage eines Balkens geeignet; sie reichte bis zu 1,41 m Tiefe. Die Mitte lag 0,86 m südlich der Südseite des nördlichen Schanzgräbchens. Auch erscheinen die beiden nach Südwesten geneigten Arme der Südseite des inneren Schanzteiles auffallend. Allein diese, sowie auch die hakenförmige Abweichung gab sich nur durch eine sehr flache Störung des Urbodens zu erkennen. Beide Erscheinungen können somit rein zufällig sein. Leugnen kann ich freilich nicht, dass ich an die Redouten mit Geschütz erinnert wurde, von denen Caesar (B. G. II, 8) redet, und hier die Aufstellung eines Geschützes für möglich hielt.

Einfriedigung der Thorschanzen. Bei Untersuchung der Thorschanzen-Baugruben glaubte ich deren krumme Linien und ihre für eigentliche Schanzpfähle ebenso unbegründbare geringe Tiefe durch Einlage von Baumstämmen erklärlich zu finden. Ein derartiges Annäherungshindernis beschreibt Caesar VII, 73; um die Linien mit möglichst wenig Mannschaft verteidigen zu können, liess er zuerst Baumstämme mit recht starken Ästen fällen, die Äste oben abzweigen und zuspitzen, dann fortlaufende Gräben von 5 pedes (=1,479 m) Tiefe ziehen; in diese wurden jene Stämme eingesetzt und zu grösserer Sicherheit gegen das Herausreissen unten gut befestigt, so dass sie mit den Ästen über die Sohle des Grabens hervorstanden. Wagte sich jemand hinein, so geriet er in die scharfen Spitzen dieser Pfähle. Die Äste bildeten für die Herstellung einer fest verankerten Brustwehr aus Flechtwerk (Caesar B. G. V 40; VIII 9) ein vorzügliches Gerippe.

Pfostenlöcher in den Thorschanzen, im Graben und am Grabenrande. In der Mitte des hinteren Teiles der Thorschanze, Taf. II, Nr. 3, T 41,

fand sich 7,43 m (7,400 = 5 pedes) von der Innenseite der Umfassungsmauer ein weites, tiefes, rundes Loch, das zum Einlassen eines Baumstammes bestimmt war. Ein solches Loch wurde auch auf der Sohle des inneren Umfassungsgrabens, Taf. II Nr. 4, in einem Abstande von 10 bis 11 m (10,360 = 35 pedes) gefunden[1]). Bei der weiteren Untersuchung sind auch die schräg gestellten Löcher am äusseren Rande des inneren Grabens ihrer Bedeutung nach zu ergründen, welche wiederholt zu zweien nebeneinander gefunden wurden (vgl. Taf. I bei IV und bei V, Taf. II Nr. 3 bei T. 1, Nr. 5 bei T. 3 und bei dem Seitenthor zwischen T. 3 und Schnitt e–f).

Die Abstände der einzelnen Ausfallsthore betragen 40 bis 126 m: T. 2 bis T. 3 = 40 m, T. 4 bis T. 5 = 126 m, T. 7 bis 8 = 66 m. Nach den Massen von acht Nebenthoren, d. h. von nicht mit Thorschanzen versehenen Unterbrechungen des inneren Grabens sind diese durchschnittlich 2,212 m weit. Die Abbildungen zeigen freilich, dass sie sich nach Innen und Aussen erbreitern. Vielleicht dürfte 2,960 m (= 10 pedes) das beabsichtigte Breitenmass sein. Zwischen dem Ostthor und dem, durch die Schanze T. 1 gedeckten südöstlichen Ausfallsthore ist die einzigste Stelle, an der sich eine Unterbrechung des äusseren Grabens gezeigt hat. Die Entfernung von der Nordseite des Ostthores bis zu der Nordseite dieses Nebeneinganges beträgt 44,400 m (= 150 pedes). Diesen Abstand zeigt auch die Entfernung von der Mitte der Turmschanze T. 1 bis zur Südseite des genannten Nebeneinganges. Von der Mitte der Thorschanze, Taf. II, Nr. 5, T. 3 bis zur Mitte des südlichen Einganges ist 29,600 m (= 100 pedes). Der Nebeneingang östlich der Thorschanze, Taf. II, Nr. 6, T. 4 liegt wieder 29,600 m (= 100 pedes) von genannter Thorschanze entfernt. Zwischen den mit Thorschanzen versehenen Ausfallsthoren, am äusseren Graben, Taf. II, T. 4 und T. 5, liegen am inneren Graben drei schmale Eingänge in folgenden Abständen:

T. 4 bis ersten Eingang 26,640 m (90 pedes)
Mitte des ersten Einganges bis Mitte des zweiten 32,460 (= 110 pedes).
„ „ zweiten „ „ „ „ dritten 25,160 (= 85 „
„ „ dritten „ „ „ „ vierten 41,440 (= 140 „

---

1) Die ferneren Aufdeckungen werden diese Beobachtung weiter verfolgen müssen, um die Frage zu beantworten, ob hier etwa das Holzwerk von Türmen und einer Streitbrücke eingelassen war, deren Caesar B. G. VIII 9 gedenkt.

Hier umgab Caesar vor dem Feinde sein Lager mit einem Wall von 12 pedes Höhe und auf diesem im Verhältnis zur Höhe eine Erdbrustwehr, ferner 2 Gräben von 15 pedes Breite mit senkrechten Wänden, in geringen Abständen Türme von 3 Stockwerken und diese durch bedeckte Brücken mit einander verbunden, deren Frontseiten mit einer Brustwehr aus Flechtwerk versehen wurden. So war das Lager nicht nur durch einen doppelten Graben, sondern auch durch eine doppelte Reihe Verteidiger geschützt, von denen die eine, je sicherer sie hoch oben auf den Brücken stand, desto unbesorgter und weiter ihre Geschosse schleudern konnte, die andere dagegen, dem Feinde zunächst auf dem Walle selbst aufgestellt, durch die Brücken gegen die von oben kommenden Geschosse gedeckt wurde. Die Thore liess Caesar mit Flügeln und noch höheren Türmen versehen.

Ob zwischen der Thorschanze 5 und dem Eingang an der Closs Gass sich noch ein zweiter, schmaler Eingang befindet, konnte nicht mit Sicherheit festgestellt werden. Die Entfernung beträgt ungefähr 59,200 m (= 200 pedes). Die Weite zwischen dem Nebeneingang an der Closs Gass und der Thorschanze Taf. III, T. 6 ergiebt 79,920 m (= 270 pedes). Die Entfernung von der Mitte der Thorschanze, Taf. III, Nr. 1, T. 6 bis zu dem nächsten westlichen Eingange hat wieder genau 29.600 m (= 100 pedes) aufzuweisen. Der Abstand von dem zuletzt gemessenen Nebeneingange bis zu dem nächstfolgenden westlichen beträgt 23,680 m (= 80 pedes).

Unterbrechungen der Umfassungsmauer. An mehreren Stellen zeigte auch der Einschnitt der Umfassungsmauer eine sehr schmale Unterbrechung. Ich stellte eine solche fest 5,30 m westlich der Mitte der Thorschanze Taf. II, Nr. 5, T. 3. Eine zweite fand ich 11,840 m (= 40 pedes) westlich der Mitte des ersten Einganges (Taf. II, Nr. 5, T. 3). Die lichte Weite der Unterbrechung betrug nur 70 cm. Noch bleibt zu beachten, dass der letzt genannte Eingang von den übrigen, nicht mit Turmschanzen versehenen Eingängen abweicht. Seine lichte Weite beträgt 2,960 m (= 10 pedes). Der Eingang ist also weiter als die übrigen, nicht mit Turmschanzen versehenen Eingänge. Ausserdem hat er an der Westseite zwei jener Schräglöcher aufzuweisen und vor dem Graben, in einem Abstand von ungefähr 17,760 m (= 60 pedes) von der Umfassungsmauerlinie entfernt, zeigte sich die Spur eines Einschnittes, die sich freilich nach den Seiten hin der ungünstigen Bimssteinverhältnisse wegen verlor. Ungefähr 75 pedes westlich liegt der beschriebene cardo. Da hier nicht unwahrscheinlich das südliche Hauptthor des Lagers anzunehmen ist, könnten jene besonderen Verhältnisse vielleicht mit dieser Thoranlage zusammenhängen und wir hier etwa das östliche Seitenthor des Südthores gefunden haben.

Die Wallanlage. Aus der Lage der Mauer, Thore und Thorschanzen geht hervor, dass der freie Raum zwischen der Umfassungsmauer und dem ersten Graben, sowie der freie Raum zwischen dem inneren und dem äusseren Graben das Ansammeln und die Bewegung der Truppen vermittelte. Der Wall kann deshalb nur hinter der Pfahlmauer gelegen haben. Die Dammerde (agger) wurde aus dem Boden der Umfassungsgräben gewonnen. Der äussere Graben hat nun bei 1 m Länge 6 cbm Boden, der innere Graben 9 cbm. Ein cbm enthält der Mauereinschnitt. 16 cbm Bimsstein, in deren erforderlichen Böschungswinkel aufgeworfen, geben einen Wall von 20 pedes Sohlbreite, 12 pedes oberer Breite und der von Caesar (vgl. B. G. VII, 72 u. VIII, 9) den Wällen gegebenen Höhe von 12 pedes.

Die Mauerhöhe. Da nun der Wall an die Pfahlmauer anlehnte, so müssen die Baumstämme der Umfassungsmauer schon deshalb 12 pedes über der damaligen Oberfläche hervorgeragt haben, um den Wall äusserlich zu bekleiden. Nun war aber auf dem Walle eine Brustwehr (lorica) von 4 pedes erforderlich und 3 pedes für die Zinnen (pinnae). Weil die Baumstämme durchschnittlich 5 pedes in der Erde eingelassen und angestampft waren, würden, wo die Scharten nicht freigelassen waren, Baumstämme von c. 7,104 m Länge und wo die Gräben tiefer waren, von etwa 7,400 m (= 25 pedes) benutzt worden sein, die natürlich, um dem Gegendruck des Walles Widerstand leisten zu können, im Walle verankert werden mussten. So ergäbe sich für den ursprünglichen Querschnitt des Aufbaues der Linien die am unteren Ende von Taf. III gezeichnete Rekonstruktion. Bei dieser sind die Pfostenlöcher durch Pfosten bezeichnet. Ob diese von Signalstangen, von vortretenden Holztürmen oder von Holzgallerien oder von beiden herrühren, das festzustellen, dürfte, wie gesagt, Aufgabe fernerer Grabung sein.

Die Rheinfestung und der Zweck der einzelnen Schutzlinien. Überblicken wir nach dieser Darstellung des Befundes die Gesamtresultate. Da überrascht es uns zunächst, mit welcher Klarheit die Mittel erdacht sind, den eigentlichen Zweck der kolossalen Anlage, wie er sich aus dem Geschilderten ergiebt, zu erreichen: ein gewaltiges Heer an einer zu schützenden Rheinbrücke nötigenfalls zu bergen, bei anderwärtiger Verwendung des Heeres selbst, Brücke und Linien mit geringer Mannschaft zu verteidigen. Andererseits werden wir überrascht, zu sehen, wie in dieser Festung bereits durch die einfachsten Mittel und Stoffe, welche die Umgebung darbot, das ganze System der Schutzanlagen nachfolgender Jahrhunderte gleichsam vorgedacht wurde. Die Gesamtform, an die Theorie der Städteanlage[1]) Vitruvs und an die Caesarischen „castra lunata" (Bell. Afr. 80) erinnernd, entspricht mit ihrer Anlehnung an den Rhein besonders gallisch römischer Städtebefestigung und ist noch der aus jener hervorgegangenen mittelalterlichen, wie beispielsweise der unserer niederrh. Stadt Neuss, geradezu zum verwechseln ähnlich. In den Einzelheiten dieser Rheinfestung finden wir ein System, das ebenfalls dem mittelalterlichen Befestigungssystem entspricht: Als innere Verteidigungsanlage gilt der Wall mit Mauer und Brustwehr, dem die aus Flechtwerk hergestellten Zinnen nicht fehlten. Es sind vor der Mauer in dem Graben und in der Mitte einer der Thorschanzen Spuren von Baumlöchern gefunden worden, welche es wahrscheinlich machen, dass vor der Innenseite der Mauer, wie das ebenfalls bei mittelalterlichen Festungen gefunden wird, Holztürme errichtet waren, die durch eine hölzerne Gallerie verbunden, eine höhere, zweite Verteidigungsanlage bildeten und ein Bestreichen der Ringmauer und der Festungsgräben ermöglichten. Vor der Umfassungsmauer liegt ein breiter freier durch einen Graben gesicherter Raum. Entspricht dieser nicht dem Zwinger, das ist dem freien, nach Aussen durch eine zweite Mauer gesicherten Raum der mittelalterlichen Burgen und Städte, dem wir bisher zuerst nur bei spätrömischen Städten begegneten?

---

1) Vitruv I 5 fordert, dass die „oppida" weder geviert, noch mit hervorspringenden Ecken, sondern in die Runde — „circuitionibus" — anzulegen seien, damit man den Feind von mehreren Orten sehen könne. Die Städte mit vorspringenden Ecken seien schwer zu verteidigen, weil eine Ecke mehr den Feind als den Bürger schütze.

Die beiden Pfostenlöcher rechts der Thorschanze, zur Linken des Osteingangs (vgl. Taf. II, Nr. 3, T. 1), ferner das dichte Anlehnen des inneren Grabens an die Umfassungsmauer rechts der clavicula des Ost- und des Westthores (vgl. Taf. III, Nr. 2, bei Schnitt c—d) zeigen an, dass man von den Hauptthoren aus nicht in jenen inneren freien Raum, den Zwinger des Mittelalters, gelangen konnte, dass dazu, ganz so wie das bei den mittelalterlichen Befestigungen der Fall ist, kleine Pforten dienten. Der Zweck des mittelalterlichen Zwingers war folgender: hier sammelten sich die Ausfalltruppen, erfüllten die Wächter ihre Aufgabe, die Hauptmauer zu bewachen; hier wurden endlich auch die befreundeten, durch den Feind gefährdeten Umwohner in Kriegsgefahr aufgenommen, wie die Canabenses im Bonner Legionslager (Tac. Hist. IV 20), und konnten sich an der Verteidigung beteiligen. Eine verwandte Bedeutung wird man auch dem freien Raume zwischen der Mauer und dem inneren Umfassungsgraben der Rheinfestung zuschreiben dürfen. Wie im Mittelalter die Zwinger nicht stets in einfacher, sondern nach Bedürfnis in mehreren Zügen die Hauptmauer umgeben, so liegt auch hier vor dem ersten ein zweiter freier, durch einen zweiten Graben nach Aussen abgeschlossener Raum. Er lässt durch seine bedeutende Breite und durch die Weite der Eingänge seinen Zweck nicht verkennen: Zwischen dem inneren und äusseren Graben sollten die Truppen für den Ausfall Aufstellung finden; sie sollten hier für den Ausfall wie für den Rückzug Deckung gewinnen. Durch die weite Entfernung des Aussengrabens von der Holzmauer wurde diese gegen Wurf- und Brandgeschosse geschützt. Der Aussengraben sicherte endlich die zahlreichen schmalen Eingänge in den inneren freien Raum, und machte es möglich, dass diese nur von der Seite aus eingenommen werden konnten, sodass die Angreifer den Geschossen der Besatzung des inneren freien Raumes ausgesetzt waren. Eine zweite Verteidigung der Nebeneingänge und vor allem der Ausfallsthore im äusseren Graben selbst war durch die Thorschanzen T. 1 bis T. 8 (vgl. Taf. II und III) gegeben. Sie erfüllen den Zweck der mittelalterlichen Vorkämpferhöfe, Thorzwinger (propugnacula) und zugleich der Schussgatter, Fallthore (cataractae) und ähnlicher Anlagen des Mittelalters. Gleich den schräg gelegten Wegen der Festungsanlage des Vitruv (I, 5), der clavicula des Hygin, gleich den mittelalterlichen Thorwegen, Verhauen und ähnlichen Vorkehrungen, zwangen sie den Feind, seine nicht durch den Schild geschützte Rechte den Geschossen der Lagerbesatzung auszusetzen; denn wagte sich der Feind durch ein Ausfallsthor, so wurde er von den Thorschanzen aus angegriffen, er musste sich, wozu zweifellos auch bei unserer Festung noch besondere Vorkehrungen getroffen waren — wie bei ihr durch die clavicula des Ost- und Westthores nachweislich vorhanden sind —, nach links wenden und kehrte der Turmbesatzung den ungedeckten Rücken zu. Von der rechten Seite und von den Schleichpforten der Thorschanzen aus konnte dann der in dem freien Raum zwischen den beiden Gräben eingezwängte Feind vom Rücken aus, wie durch die Fallgatter, eingeschlossen und von der durch den inneren Graben geschützten Besatzung niedergemacht werden. In doppelte

Gefahr geriet der Feind, wenn es ihm gelang, an einer Stelle den inneren Graben zu durchbrechen. Hier wurde er mit Leichtigkeit von zwei, ja von drei Stellen, und zwar durch in gedeckter Stellung befindliche Gegner angegriffen, einmal von den, noch durch die Ausfallsmannschaft gehaltenen Punkten zwischen den äusseren Gräben, dann von den nicht genommenen Seiten des zwischen Mauer und inneren Graben befindlichen freien Raumes und drittens von den Verteidigern des Hauptwalles selbst.

Die Rheinfestung ist ein römisches Werk. Aber ungeachtet dieser Analogien mit mittelalterlichen Befestigungen, ergiebt sich doch ein wesentlicher Unterschied, und diese Verschiedenheit trägt den Stempel des Volkes, das die Festung errichtet und der Zeit, in welcher sie errichtet wurde, deutlich zur Schau.

Ächt römisch ist die gesunde, schlichte und doch kühn umfassende Denkweise, in welcher die diesem Verteidigungswerke zu Grunde liegende Idee, unter gegebenen Verhältnissen Viele und Vieles zu sichern, praktisch und nützlich zum Ausdruck gebracht und verkörpert ist. Unser Staunen erregt ferner die Technik, mit der in jene losen vulkanischen Massen scharfe Profile eingeschnitten wurden. Ist doch der Einschnitt der Umfassungsmauer so schmal, dass sich ein breiter Mensch nicht, ein schmaler kaum hineinzwängen kann, um zu arbeiten, und trotzdem wurde er tadellos bis zu einer Tiefe von 2 m ausgeworfen. Was endlich noch das Volk bezeichnet, das die Rheinfestung angelegt hat, ist das Massverhältnis der Festungsteile; denn offenbar liegt diesem die abgerundete römische Fusszahl zu Grunde. Das sind Dinge, die, in Allem genommen, zwingen, in der mit einer Brücke ausgestatteten Rheinfestung kein vor- oder nachrömisches, sondern ein römisches Werk anzunehmen.

Vorrömisches, Zeitstellung der Rheinfestung durch die Kulturreste. Welcher Zeit der Römerherrschaft die Festung angehört, geht hervor zunächst aus den bei den Grabungen des Provinzial-Museums gemachten Funden. Die Bodenanschwellung, auf welcher die Festung errichtet wurde, ist reich an Hüttengründen und Feuerungsgruben vorrömischer Zeit. Es fehlt in dieser Gemarkung nicht an römischen Steinbauten, an Schutt von Dachziegeln, Kalk und Mörtel. Hier sind auch römische Gräber, frühe und späte, gefunden worden. Innerhalb der Festung wurden nachrömische und fränkische Gräber zu Tag gefördert. Überresten dieser vorrömischen, römischen und nachrömischen Kulturerscheinungen begegnet man nicht selten auf der heutigen Ackeroberfläche.

Auf Tafel I sehen wir zu beiden Seiten des Rheinweges zahlreiche kleine Kreise. Mit diesen ist die Menge der hier gefundenen Kesselgruben der Bronze-Hallstatt- und La Tène-Zeit bezeichnet, aus denen für das Bonner Museum eine so reiche Ausbeute an Scherben gewonnen wurde, dass diese Anstalt die ganze Entwicklung der Leisten- und Tupfenkeramik in vollstem Masse aufzuweisen hat. Wir sehen südwestlich der Festung, zwischen der Koblenzerstrasse und dem nach Nordosten zielenden Wege, kleine, aus drei

Keilen zusammengesetzte Dreiecke. Mit diesen ist ein grosses vorrömisches Gräberfeld angedeutet, das Totenwohnungen der Bronze-, der Hallstätter- und La Tène-Zeit birgt. Hierher erhielt das Museum eine höchst interessante Feuersteinsäge. Ich wurde dort hin gerufen, als man mehrere Skelettgräber freigelegt hatte, die u. a. einen interessanten (später vom Museum angekauften) Pfriem aus Feuerstein bargen. Ich selbst fand hier grosse Teile eines geschweiften Bechers mit ächter Schnurverzierung auf der Oberfläche, auch Bruchstücke von solchen Bechern mit Quadrat- und Stichmustern, welche in der Art der Schnurkeramik angeordnet sind. Die Bimssteinarbeiter hatten sie gefunden, zerschlagen und bei Seite geworfen. Ferner kaufte das Museum unter der Direktion von Nissen hier Gefässe, Arm- und Halsringe der Bronze-, der Hallstätter- und der La Tène-Zeit. Seit Jahren wurden hier solche Kulturreste gefunden. Zwischen dem inneren und äusseren Graben, hart am Rande des ersteren, wurden südwestlich des Judengässchens mehrere vorrömische Gräber angetroffen, deren Inhalt Herr Rentner O. Jordan für das Museum seiner Vaterstadt Coblenz erwarb. Zwischen der Closs Gass (Ostseite) und dem nördlichen Bahngeleise sehen wir kleine Kreuzchen eingezeichnet. Diese bedeuten die Stelle eines hier in früheren Jahren angeschnittenen fränkischen Gräberfeldes. Gräber vorrömischer und römischer Zeit wurden ausserdem am nördlichen Theile der Closs Gass und zu beiden Seiten der Rheinstrasse gefunden. Von den gefundenen Sachen erwarb jetzt das Provinzial-Museum fast alle. Da sich aber früher niemand um den Erwerb für Bonn gekümmert hat, fanden Händler ein ergiebiges Feld ihrer Thätigkeit. So gelangte früher vieles in das Ausland, und ich war nicht wenig überrascht, den Namen Urmitz auf für unsere Provinzial-Geschichte wertvollen Funden in den Museen in Berlin und Oxford zu lesen.

Bei den letzten Grabungen des Provinzial-Museums wurde östlich der Closs Gass und südlich der Koblenzer Strasse, zwischen dem inneren und dem äusseren Graben eine Brandgrube mit vorrömischen Gefässstücken gefunden. Etwas weiter östlich stiessen wir auf drei Skelettgräber der La Tène-Zeit. Die Fundstelle ist in dem Plane Taf. I und auf Taf. II, Nr. 6 bei T. 5 eingezeichnet. Die Nordseite der nördlichen Grube dieser Gräber war bei der Anlage der äusseren Grabenlinie unserer Festung angeschnitten worden. Die Festung muss also jedenfalls später sein als diese Gräber. Da nun in der Zeit der Verbreitung der La Tène-Kultur die Besitzergreifung Galliens durch die Römer erfolgte, wurde dieser Fund auf Tafel VII in $1/3$ Naturgrösse abgebildet.

Das von den Linien angeschnittene Grab zeigte eine Grube von c. 2,60 m Länge, c. 0,80 m Breite und c. 1 m Tiefe. Bei dem zweiten Grabe war die Grube c. 1,90 m lang, 0,60 m breit und c. 1 m tief. Das dritte Grab hatte 0,50 m Breite und 1 m Tiefe. Die Gruben waren in den leicht bewegbaren grauen vulkanischen Sand der Schicht 2 eingeschnitten. In dem von den Linien angeschnittenen ersten Grabe fanden sich stark verwitterte, nur in Stücken erkennbare Reste eines unverbrannten Toten, der langgestreckt auf dem Rücken liegend, Füsse und Blick nach Osten hatte, wohin auch die Grube selbst geführt war. Die Handgelenke, durch die Oxydation grün gefärbt, erschienen geschmückt mit den beiden bronzenen Armringen Taf. VII, Fig. 7 u. 8. Am Kopfende stand die schön geschweifte Vase, Taf. VII, Fig. 5, neben dieser fand sich das Becken Taf. VII, Fig. 6 und in der Gesichtsgegend zeigte sich das weisse Quarzgeschiebe, Taf. VII, Fig. 9. Die zweite Grube war mit den Resten eines Kinderskelettes ausgestattet, das mit dem Gesicht nach Westen, auf das Skelett der Erwachsenen, die zweifellos eine Frau war, vielleicht die Mutter des Kindes, hinblickte. Auch in der Gegend des Gesichts dieser Kinderleiche fand sich ein weisses Quarzgeschiebe. Die dritte Grube ergab nur geringe Spuren eines Skelets und keinerlei Beigaben. Die in $1/3$ Naturgrösse abgebildeten Armringe sind geöffnet, laden an den Endstücken petschaftartig aus und haben auf dem mehrflächigen Reifen eingeritzte Linien. Die Gefässe, schwarzgrau von Farbe, nicht auf der Drehscheibe hergestellt, sind mit eingeritzten Zacken versehen, deren Spitzen sich nach unten richten und deren obere Seite durch eine Gurtlinie schräg gestellter Striche abschliesst. Eine geschweifte Vase, wie die vorliegende, ist in meiner „Gefässkunde", Taf. VII, Fig. 1 abgebildet. Auf derselben Tafel sehen wir unter Nr. 6 auch einen Kump, der die Form des Urmitzer Kumpes hat und wie dieser die etwas gehöhlte Standfläche zeigt. S. 58—59 der „Gefässkunde" sind die Gründe angeführt, weshalb diese Gefässarten, von denen Exemplare in den Museen zu Wiesbaden, im Privatbesitz des Herrn Baumeister Günther in Koblenz und im Bonner Provinzial-Museum befindlich sind, in die ältere La Tène-Periode gesetzt werden müssen. Dieser Zeit entsprechen bekanntlich auch die Armringe mit nach den Enden zuwachsenden petschaftartigen Knäufen (Gefässkunde, S. 57, Zeile 6 v. o.). Das angeschnittene Grab gehört in eine Zeit, die jener Periode von La Tène, in die die Schwertform von Alesia gehört, vorausging.

Die Kulturreste aus dem Füllwerk der Festungsgräben. Bei der Anlage der Linien, durch welche viele tausende Kubikmeter Erde bewegt wurden, mussten die damals vorhandenen Kulturreste angeschnitten werden und — wenn auch nur in Trümmern und Scherben in den Füllgrund der Gräben gelangen. Die bei Verfolgung der Linien in dem gestörten angefüllten Boden der Gräben und sonstigen Anlagen gefundenen Gefässcherben rühren thatsächlich zumeist von Gefässen aus Gräbern, Hüttengründen und Brandgruben her, welche bei der Anlage der Gräben angeschnitten wurden. Dieselben stammen aus allen Perioden der vorrömischen Zeit. Allein, und das ist beweisend: kein Scherben wurde gefunden, der nachweislich bis in die Augusteische Zeit hineinreicht. Die ihrer Form nach spätesten Gegenstände, welche in den Gräben gefunden wurden, sind Taf. VII, Fig. 1, 2, 3, 4 und 10 und 11 abgebildet. Von diesen ist Fig. 10 ein aus hartem Steinart hergestellter Stössel oder eine Mörserkeule. Man kann den Gegenstand als „Kornquetscher" bezeichnen. Ich selbst zog ihn bei Verfolgung der südöstlichen Linie des Castells, südlich der Bahnlinie aus der Mitte eines Querschnitts der Ostecke des äusseren Grabens (bei dem Eingange Taf. II, Nr. 5, T. 3) hervor. Würde man den Stössel in die Zeit Caesars setzen, wüsste ich keinen Gegengrund anzuführen. Für eine wirkliche Datierung bieten sich mir leider keine Anhaltspunkte. Anders liegt die Sache betreffs der in den Gräben des nordöstlichen Teiles der Linien gefundenen Scherben von grossen, weitbauchigen, dickwandigen Töpfen mit gedrungener kräftiger Profilierung des oberen Teiles, wie sie Taf. VII, Fig. 3 und 11 abgebildet sind. Diese Art von Gefässen gehört zweifellos in die jüngere La Tène-Zeit; sie passt vorzüglich in die Übergangsperiode von La Tène-Gefässen der letzten vorrömischen Zeit in die Zeit der Entstehung der ältesten Andernacher provinzial-römischen auf der Drehscheibe hergestellten festgebackenen Gefässe. Ich würde keinerlei Bedenken tragen, die Scherben Taf. VII, Fig. 3 und Fig. 11 in die Zeit Caesars zu setzen. Sicher wird man einen dicken Glasscherben der Art wie Taf. VII, Fig. 2 in dem vorrömischen Inventar der rheinischen Funde nicht unterbringen können. Er rührt von einer Schale her mit einwärts gebogenem Rande und wurde bei der Aufdeckung der Thorschanze, Taf. II, Nr. 5, T. 3, gefunden. Hier fand sich auch der bronzene Gurtkrampen, Taf. VII, Fig. 4. Von diesem lässt sich dasselbe sagen. Nach dem Typus, den diese Gurtschliesse zeigt, würde ich nicht überrascht sein, eine gleiche unter den Caesarischen Funden von Alesia zu sehen; allein unter den vorrömischen Funden und den augusteischen und späteren römischen kenne ich diesen Typus nicht. Es wäre nützlich, unter den italienischen datierbaren Gegenständen Caesarischer Zeit Umschau nach solchem Gürtelhaken zu halten. Ich glaube, dass er sich bei dem römischen Militärgürtel dieser Zeit finden wird. Wiederholt zeigten sich bei Verfolgung der Linien dicht neben den schmäleren Gräbchen der Thorschanzen Brandstellen. Man sah, dass sich nach Entfernung des Holzwerkes der Brandschutt in das Gräbchen selbst verbreitet hatte. In solchen Brandstellen, die augenscheinlich von der Lagerbesatzung selbst herrührten, wurden recht häufig Gefässcherben gefunden. Aber alle gehören zu glatten, unverzierten, granschwarzen Töpfen, die noch nicht auf der Drehscheibe hergestellt und noch nicht so festgebacken sind, dass ein Anschlag klingt. Es ist etwas ältere La Tène-Ware, als die der Gräberfelder von Horchheim und Mühlbach am Glan („Gefässkunde" S. 62, Wd. Z. IV. 1, S. 283—298). Diese Mühlbacher- und Horchheimer Keramik geht ihrer Zeitstellung nach der Periode voraus, in welcher die „Gefässkunde", Taf. IX bis XIII abgebildete augusteische irdene Ware entstand. Dieselbe stimmt technisch überein mit dem „Gefässkunde" Taf. VIII, Fig. 3 abgebildeten Topf, der sich im Bonner Provinzial-Museum befindet und in einem Hügelgrabe von Langenlonsheim angetroffen wurde. Das Provinzial-Museum besitzt ein zweites Gefäss dieser Form und Ornamentik, welches vom Hunsrücken stammt. Auf dem oberen Teile dieses Gefässes, das wie jenes noch nicht auf der Scheibe hergestellt und noch nicht hart gebrannt ist, sieht man, unter dem oberen Rande eingefurcht, eine römische Zahl. Dieses Gefäss charakterisiert keramisch die erstere Zeit römischer Besitzergreifung Galliens: Noch fehlten die Töpferöfen; die Römer bedienten sich der vorgefundenen einheimischen Ware. Wie ihre eigenen Gefässe, so versahen sie auch der Grösse entsprechende einheimische Töpfe mit Mass- und anderen Zeichen. Erst in der Zeit der Organisation Galliens durch Augustus erscheint die Drehscheibe. Damals erst wurden in römischer Weise alle Gefässe hart gebrannt. Nach diesen Wahrnehmungen sage ich: die jüngsten Gefässcherben und alle diejenigen, welche bei dem planmässigen Aufdecken der Linien der Rheinfestung unter Umständen gefunden wurden, die auf den Gebrauch durch die Besatzung selbst schliessen lassen, zeigen den für die Zeit zwischen der Besitznahme und der Organisation Galliens durch Augustus passenden Typus.

Aufgabe der Rheinfestung. Für Bestimmung der Zeit, in der die Festung aufgegeben wurde, kommt zunächst ein Fund von der Südwestseite der Festung in Betracht. Auf der Taf. I zwischen der Bahnlinie und dem Rheinweg durch a—a bezeichneten Stelle an dem inneren Teile der westlichen Mauer machte das Museum den Taf. III, Nr. 3 durch e—f angeführten Querschnitt, welcher Taf. I, Fig. 1 abgebildet ist. Die Sohle des Umfassungsmauereinschnittes reichte hier bis zu 1,70 m unter der heutigen Oberfläche. An der äusseren Seite des Einschnittes war der Boden so beschaffen, wie daselbst überall: In 0,66 m lag die primäre Bimssteinschicht. Auf derselben bis zur Oberfläche reichte ein angeschwemmter humusreicher Lehm. An der inneren Seite des Einschnittes war dieser Lehm gestört und zeigte eine Grube in der Form eines halbierten Kessels, dessen weite, geöffnete Seite sich an die innere Mauerlinie anschloss; sie reichte bis zu 1,40 m Tiefe. An der Mauerstelle sah man die zum Teil noch an ihrem ursprünglichen Platze haftenden Reste eines angekohlten Baumstammes der Festungsmauer. Nun war aber die äussere Seite der Mauergrube nicht mit verkohlten Resten gefüllt. Als man die Kesselgrube anlegte, muss somit noch die Holzmauer gestanden haben. In der Grube wurde dann Holz angezündet, die Mauer geriet in Brand und wurde so an der Innenseite angekohlt. Dann warf man die Grube zu und die Füllmasse stürzte später, nachdem die Holzpfähle herausgezogen worden waren[1]), in den Hohlraum der Mauergrube. Zwischen dem angefüllten Boden des Mauereinschnittes und in dem angefüllten Boden der Innenseite — nicht an der Aussenseite — fanden sich Gefässcherben. Dieselben nähern sich z. T. den braungrauen, aber schon auf der Scheibe hergestellten Kochtöpfen, „Gefässkunde", Taf. IX, Fig. 1—4. Andere stammen von Töpfen her, die auf der Drehscheibe hergestellt, gut gebrannt wurden und eine blaue Farbe hatten, kurz: technisch mit den „Gefässkunde", Taf. X, Fig. 4 und 5, sowie Fig.

---

[1]) Die Pfähle der Mauer konnten nur herausgenommen werden in der Richtung der Mauergrube, die selbst dann wieder zugeworfen wurde. Der Abbruch scheint nach den so regelmässigen Wänden der Grube planmässig durch Militär bewirkt worden zu sein.

8 bis 10 verwandt, vielleicht in der Wand nur etwas dicker sind. Ich fand ferner Randstücke von einem urnenförmigen, irdenen, graublauen, Topfe der Form „Gefässkunde" Taf. XI, Fig. 21. Das Randstück ist Taf. VII, Fig. 1 abgebildet. Diese Gefässreste sind also augusteische, aus der Zeit nach der Organisation Galliens durch Augustus. Als ich zu einer Datierung der ältesten Andernacher Grabfunde überging, in denen gleichartige Gefässe mit Münzen zusammen gefunden wurden, sagte ich bereits, weitere Forschungen würden ergeben, dass sich dort eines der Drususcastelle befunden habe.

Koblenzer Strasse und die Rheinfestung. Wir kommen aber zu einer noch genaueren Feststellung der Zeit, in der unsere Festung geschleift wurde. Ein Blick auf den Übersichtsplan (vgl. Textfigur) zeigt deutlich, dass man bei Anlage der Koblenzerstrasse die Festung umging. In den an die Strasse sich anlehnenden Bimssteingruben sieht man das nördliche Gräbchen der alten Strasse. Ich habe mich ausserdem durch eine Grabung an der Strasse selbst überzeugt und die Nordseite der Strasse nördlich neben der heutigen Strasse gefunden. Als die Strasse angelegt wurde, muss somit die Festung noch bestanden haben, und der römische Staat hatte damals nicht die Absicht, das Werk zu schleifen; denn anders lässt sich die Umgehung der Festung und die durch die Ortsverhältnisse in keiner Weise zu rechtfertigende Abweichung vom geraden Lauf nicht erklären. Die Zeit der Erbauung fällt unter Augustus; denn entlang des ganzen Laufes der Strasse sind Gräber mit Gefässen und Münzen gefunden worden, die unter Augustus im Gebrauch waren. In den Anfängen des Kaisers muss also die Festung noch bestanden haben. Aufgegeben wurde sie dann aber später, als nämlich im Jahre 12 v. Chr. Drusus entlang des linken Rheinufers seinen neuen Festungsgürtel zog[1]). Das geht aus dem nunmehr zu beschreibenden wichtigen Fund hervor.

Drususcastell. Wie Taf. I und noch deutlicher Taf. II, Nr. 3 zeigt, wurde nach Schleifung der Rheinfestung auf deren nordöstlichem Teil ein Castell errichtet. Dasselbe bildet ein Rechteck mit abgerundeten Ecken und ist von einem Spitzgraben umgeben, dessen Füllgrund offenbar an der Innenseite zu einem Walle aufgeworfen war, auf dem oben eine Pallisadenmauer nebst Brustwehr stand. Die spätere Befestigung hat eine lichte Weite (von innerer Grabenseite zur inneren Grabenseite gemessen) von 276,50 m. Die Seitenflanken sind von Süden nach Norden gerichtet. Dahin blickte offenbar auch die Front des Castells. Die Rückseite liegt bei der Südostecke 223,50 m südlich der Rheinstrasse, deren Nordseite hier bis c. 158 m südlich des Rheines reicht. Die Nordseite des Castells lag nördlich der Rheinstrasse; sie ist durch die Bimssteinabdeckung zwischen dem Rhein und der Rheinstrasse völlig abgetragen worden. Nimmt man an, dass das Castell wie die gefundenen augusteischen Lager quadratisch war, so lag seine Front ca. 100 m vom linken Rheinufer entfernt.

---

1) Florus IV 12: Per Rheni ripam quinquaginta amplius castella direxit.

B. Die Ausgrabungen im Winter 1898/99.

Grabenschutz der Canabae. Wir sehen Taf. I den Grundriss. An der Ostseite beginnt 16 m nördlich der Innenseite des Grabens der Südflanke ein Sohlgraben, der im Profil der Rheinfestung sehr gleicht. Er ist von da aus in noch nicht genau festgestellter Linie bis zum Rheine gegenüber der unteren Spitze des Urmitzer Werthes geführt worden. Auf diesem Zuge, der eine Länge von ungefähr 800 m aufweist, durchschneidet dieser Graben den hinteren Teil der nördlich, neben der Rheinstrasse gelegenen Wirtschaft Rheinthal. Hier haben wir es mit dem Abschlussgraben der canabae des Castells zu thun[1]).

Thore und Wege des Drususcastells. Ein Blick auf die Übersichtskarte zeigt deutlich, dass unser Castell vier Thore hatte; denn die von Urmitz über Rheinthal führende Rheinstrasse zielt, soweit sie die Schnur einhält, gerade auf die Mitte der Ostflanke des Castells, wo die porta principalis dextra zu suchen ist. Ebenso zielt die vom Gutenmann aus nach Osten gerichtete Strecke der Rheinstrasse auf ihrem geraden Wege auf die Mitte der Westflanke, wo die porta pricipalis sinistra gelegen haben wird. Von dem südlich des Castells gelegenen Mülheim aus führte offenbar eine Strasse in die porta decumana des Castells und sandte vor dem Castell einen Arm entlang der Westseite der Befestigung. Dieser Weg führt über die Koblenzer Strasse entlang der Wirtschaft von Hilgers und wird Judengasse genannt. Der Spitzgraben des Castells, der nicht überall gleiche Breite zu haben scheint, mass an mehreren Punkten 3,552 bis 4,100 m. Die Tiefe beträgt von der römischen Oberfläche aus gemessen 1,776 bis 2,53 m. Eine unter der neuen Direktion des Provinzial-Museums gemachte Aufnahme eines Querschnittes dieses Grabens finden wir Taf. VI, Fig. 2.

Die Südostecke dieses Castells durchschneidet die eingeebneten Linien der Rheinfestung. Als ich dieselben entdeckte und später für das Museum aufnahm, war sie zwischen den Schnitlinien Taf. II, Nr. 3 g—h, i—k, l—m und n—o nebst dem Ansatz des canabae Graben, dem Ostthor und dem eingezeichneten Schanzpfahlgraben (Taf. II, Nr. 3) völlig von oben herab aufgedeckt. Der Schnitt Nr. 3 a—b liegt da, wo der Graben die Rheinstrasse durchschneidet, welche also damals nicht die jetzige Richtung einschlug, sondern in einem Zuge das Castell auch nach der Rheinseite umgangen haben wird. Den Schnitt e—f vergleiche Taf. IV, Fig. 1 im Lichtdruck. Den Lichtdruck eines Querschnittes der östlich durchgeführten Linie g—h, der vielleicht etwas nördlicher liegt, finden wir auf dem Taf. V, Fig. 2 gegebenen Bilde. Da bei dem einen Lichtdruck der Spitzgraben auf der Nordseite liegt, er bei dem andern auf der Südseite erscheint, ist durch diese Grabenbilder auf mechanischem Wege der Beweis erbracht, dass das Castell nur vor Errichtung

---

1) Nach einer Mitteilung von Professor Löschcke hat der Graben, welcher in Niederbieber die Civil-Bevölkerung vom Castell trennte, dasselbe flache Sohlgraben-Profil.

oder nach der Schleifung der Festung hergestellt sein kann. Dass die Errichtung zweifellos nach Schleifung der Rheinfestung erfolgte, lässt noch heute deutlich der Schnitt n—o, vgl. Taf. II, Nr. 3, erkennen. Hier sieht man, dass der Füllgrund des Spitzgrabens des Castells den Füllgrund des eingeebneten Rheinfestungsgrabens durchschneidet. Beide Füllmassen haben verschiedenartige Zusammensetzung[1]).

Funde des Drususcastells. In dem Castellgraben selbst sowohl als in noch bedeutenderem Masse in dem Graben der canabae lagern zahlreiche Gefässscherben und aus Tierknochen bestehende Küchenabfälle. Unter den Scherben sind vorrömische selten, aber massenhaft alle Arten der augusteischen Gefässe vertreten, welche ich in meiner „Gefässkunde", Taf. IX bis XIV abgebildet habe. Trotz der Unmenge von Scherben, welche ich aus dem zugefüllten, an vielen Stellen angeschnittenen Graben des Castells hervorzog, fand sich kein Bruchstück der mittleren Kaiserzeit. Die jüngsten Scherben reichen etwa bis Domitian (81 n. Chr.). Ausser den Scherben und Knochen lagern in dem Spitzgraben viele Geschiebestücke, wie denn der Querschnitt Taf. VI, Fig. 2 einen solchen aus dem Füllgrund hervorragenden Stein zeigt. Zu den häufigeren Erscheinungen der Spitzgrabenfunde gehören auch Stücke von Handmühlen aus Basaltlava.

Gräber des Drususcastells. Entlang des Castellgrabens der Südostecke wurde eine Reihe von römischen Leichenbrandgräbern gefunden, die schon gemäss ihrer Lage im Verfolge des äusseren Grabenrandes zweifellos von der Castellbesatzung herrühren. Ich habe Taf. I und II bei Nr. 3 die Fundstelle durch Gruppen von je 3 Punkten bezeichnet. Solche Brandgräber wurden auch in grosser Zahl bei dem Abdecken des Bimssteines vor dem Westthor des Castells gefunden in gerader Linie der vom Gutemann ausgehenden Strecke der Rheinstrasse. Die Fundstelle habe ich Taf. I wieder durch eine Gruppe von je drei Punkten bezeichnet. Leider sind die früheren Grabfunde von den Arbeitern zerschlagen oder in alle Welt verhandelt worden. Um so überraschender und erfreulicher war es für mich, dass bei einem Besuche Sr. Kgl. Hoheit des Prinzen Friedrich Wilhelm von Preussen dort wieder zwei Gräber von den Bimssteinarbeitern aufgedeckt, sofort besichtigt und für das Museum erworben wurden. Später traf man hier noch einige Gräber an, die das Museum ebenfalls ankaufte. Diese Gräber der Castellbesatzung liegen innerhalb der Mauern der Rheinfestung. In mehreren Gefässen wurden Münzen gefunden. Eine mir vorgelegte ist eine Mittelbronze von Augustus. Bei Anwesenheit des Prinzen wurde in einer der Graburnen eine im Jahre 17 n. Chr. geprägte Mittelbronze von Germanicus gefunden[2]). Die untersuchten Grabfunde, welche in das Provinzial-Museum übergingen, sind Taf. VIII und IX in $^1/_5$

---

1) Prof. Löschcke, der Geologe Professor Rauff, sowie der Geograph Professor Philippson haben sich bei einem Besuch von diesem Sachverhalt überzeugt.
2) Ein anderes Grab barg Mittelbronze des Claudius, geprägt J. 41 n. Chr.

natürlicher Grösse abgebildet. Aus den Grabfunden der Ostseite des Castells stammen folgende Sachen auf Taf. VIII:

Fig. 1. Blaues Gefäss mit Schrägrand und Gurtband von Zickzacklinien (vgl. Gefässkunde, Taf. X, 8—10. S. 66—115; Ornament ebendaselbst Taf. X, d).
Fig. 2. Weisse Amphore (a. a. O. Taf. XI, 23).
Fig. 3. Weisser Henkelkrug (a. a. O. Taf. XI, 25).
Fig. 4. Dsgl. (a. a. O.).
Fig. 5. Eisenblech eines Schlosses.
Fig. 6. Napf aus Terra nigra (a. a. O. Taf. IX, 17).
Fig. 7. Teller aus Terra nigra mit abgebildetem Stempel (a. a. O. IX, 19).
Fig. 8. Sehr sauber abgedrehte, bronzene Tasse.
Fig. 9. u. 10. Schwarzbrauner Kump nebst dazu gehörigem Deckel (a. a. O. IX, 3).

Eines der hier gefundenen Brandgräber war von Dachziegelplatten kastenförmig umstellt.

Von dem Gräberfelde an der Ostseite des Castells besitzt das Museum folgende Sachen, Taf. IX:

Fig. 1. Gelblich weisser Henkelkrug (Näheres Gefässkunde, Taf. XI, 25).
Fig. 2. Blaugrauer, gedrungener henkelloser Topf (a. a. O. IX, 8).
Fig. 3. Urne mit Schrägrand und Gurtband quadratisch gruppierter Schrägstriche (a. a. O. X, 8; Ornament X, C.).
Fig. 4. Rötlich schwarzer Napf (a. a. O. IX, 1).
Fig. 5. und 6. Graubrauner Kump nebst Deckel (a. a. O. IX, 3).
Fig. 7. Graublaue, henkellose Flasche aus Thon (ähnlich mit Henkel, a. a. O. XI, 27).
Fig. 8. Dünnwandiges blaues Glasfläschchen.
Fig. 9. Blauer Becher mit Schrägrand (ähnlich a. a. O. X, 12).
Fig. 10. Eiserner unterer Beschlag einer römischen Schwertscheide.
Fig. 11. Eiserne Gewandnadel.
Fig. 12. Eiserne Lanzenspitze.
Fig. 12a. Dieselbe — Seitenansicht.
Fig. 13. Rotgelbes Becken, mit eingefurchtem Bande, schachbrettförmig verteilter Striche (Ornament ähnl. a. a. O. IX, 9).
Fig. 14. Blaue Urne mit Schrägrand und Gurtband aus Zickzacklinien (a. a. O. X, 8—10).
Fig. 15. Becken, graubraun (a. a. O. IX, 3. Randprofil IX, b).
Fig. 16. Schwarzblauer Teller (a. a. O. IX, 19).
Fig. 17. Bronzebeschlag einer Schwertscheide, oberer Teil.
Fig. 17a. Desgl. von der Seite.

Fig. 18. Bronzebeschlag wie 17, unterer Teil (etwas enger als oberer Teil Fig. 17).

Diese augusteischen Grabfunde zeigen in Bezug auf Gefässformen und Ornamente sowie Zeitstellung eine Identität mit den älteren der in dem Spitzgraben des Castells und seines canabae-Grabens gefundenen Gefässscherben; die jüngsten Scherben reichen etwa bis Domitian.

Das Drususcastell Teil eines linksrheinischen Festungsgürtels. Die mit dem Castelle planmässig verbundenen Strassenzüge, die grosse Anzahl von Kulturresten in den Castellgräben, sowie auch die vielen Gräber und die Zeitstellung der Scherben setzen voraus, dass dieses Castell kein Etappenlager ist, sondern sie bedingen ein Bestehen desselben von Augustus bis etwa Domitian. Dass wir es hier nur mit dem Glied einer Kette von Befestigungsanlagen zu thun haben, ist sicher. Wir ersehen dieses aus nach Art und Zeit gleichen, zum Teil mit den Castellresten selbst zusammen gefundenen, sich in bestimmten Abständen wiederholenden Gräberfeldern entlang des linken Rheinufers. Ich erinnere hier nur an eine 11 km oberhalb des Castells liegende Fundstelle von Koblenz-Neudorf, welche vom Stadtbautechniker Günther in Koblenz aufgefunden und gründlich beobachtet wird. Das dortige Gräberfeld ergab dieselben Gefässe wie die unseren. Mit den Grabgefässen fand Günther Schwerter, Lanzen und Schildbuckel der augusteischen Zeit. Hier erschien auch wieder das Taf. IX, Fig. 13 abgebildete Becken und zwar zusammen mit einer Münze von Augustus. In einem anderen dieser Gräber fand sich eine solche von Augustus Pater. Wieder ein anderes Grab barg eine Mittelbronze von Caligula.

Eine zweite Gräbergruppe dieser Art wurde in Koblenz selbst angetroffen, wohin die Sage, der Bodewig nach seinen Ortsstudien folgt, ein Drususcastell verlegt. Eine dritte liegt in dem 13 km oberhalb der Neudorfer Fundstelle gelegenen Brey. Hier wurde auch der Spitzgraben des Castells selbst in der Grube von Lehmer u. C. gefunden. Von weiteren Fundstellen ist das 9 km unterhalb des Urmitzer Drususcastells gelegene Grabfeld von Andernach zu nennen. Dasselbe gehört, wie die Gräber im Provinzial-Museum zu Bonn zeigen, wieder in dieselbe Zeit. Neben den augusteischen Gefässen und Münzen barg dasselbe auch Waffen und Schildbuckel. Es würde zu weit führen, sollte ich auch nur annähernd die Menge meiner diesbezüglichen Beobachtungen mitteilen. Das Gesagte genügt, mit Sicherheit zu erkennen, dass es mir gelungen ist, in dem auf der Rheinfestung gelegenen Castell zum ersten Male ein Castell in der von Florus erwähnten Befestigungslinie des Drusus nachzuweisen. Wir sehen, dass diese Castelle bis zu ihrer Aufgabe, welche durch die unter Domitian erfolgte Errichtung der rechtsrheinischen Limesstrecke bedingt war, Erdkastelle blieben. Am Niederrhein, wo die Fortsetzung unseres Befestigungsgürtels jenes Vorschieben nicht mitmachte, wurden aus den Erd- die Steincastelle, wie ich das bereits durch die Castelle von Reckberg und Werthausen, sowie durch das Legionslager von Novaesium nachweisen konnte. Stationen solchen Grenzfestungsgürtels gegenüber, welcher in den grossen Lagern von Mainz und Xanten Knotenpunkte hatte, erscheint der Fortbestand einer Rheinfestung undenkbar, welche, wie die Urmitzer, den ganzen Armeebestand in sich vereinigend, mehr die Taktik eines Heeres im Kriege verkörpert hat. Wenn nicht schon vorher, so muss jedenfalls die Rheinfestung bei der Anlage des augusteischen Grenzgürtels als militärisch zwecklos geschleift worden sein.

Die Rheinfestung ein Werk Caesars. Fällt nun die Erbauung der Rheinfestung nachweislich in die Zeit zwischen der römischen Besitzergreifung Galliens und der nach den Grabfunden unter Augustus errichteten Koblenzer Strasse; hat das Bollwerk nach deren Errichtung fortbestanden bis zu der Erbauung des neuen Festungsgürtels; sind diese Linien gemäss ihrer Konstruktion und Lage als „magnae munitiones" in einer Zeit errichtet worden, in der die linksrheinische Bevölkerung zwar besiegt war, aber auf Wiederbefreiung hoffte, dann kann dieses Werk in Verbindung mit einer hölzernen Rheinbockbrücke nur die Festung sein, welche Caesar bei seinem zweiten Rheinübergange errichtet hat.

Castra lunata. Ist die Rheinfestung ihrer Konstruktion und Ausdehnung nach nicht etwa nur als ein „firmum praesidium" für 12 Cohorten, sondern als starker Stütz- und bequemer Ausgangspunkt für die Schlachtordnung und als etwaiger trefflicher Rückhalt bei einem ungünstigen Ausgang der Unternehmungen von 10 Legionen so gedacht worden, dass die Brücke und Linien bei einer Abwesenheit der ganzen Armee von 12 Cohorten gehalten werden konnten[1]), dann muss der Bering unserer Festung der römischen Lagerordnung gemäss in cardines und decumani eingeteilt gewesen sein, welche die einzelnen Legionen und Unterabteilungen von einander schieden. Die magnae munitiones umschlossen somit jene kleineren Legionsverbände Caesars in dem Sinne der „castra lunata". Dieser Ausdruck bezeichnet hier also nicht etwa ein halbmondförmiges Lager, sondern, wie Miller (Römisches Lagerleben, Gütersloh 1892, S. 20) mit Recht sagt: mehrere kleinere (rechteckige) Lager, die so gelegen sind, dass eine Verschanzungslinie, welche sie verbindet, halbmondförmig gebogen oder eigentlich gebrochen erscheint.

Palissadengraben, der Caesar- und Drususfestungslinien durchquert. Überaus wichtig für die weitere Beurteilung der

---

1) Die für eine Legion angelegte Grenzfestung von Novaesium hatte vier Flanken von zusammen 2127 m Länge zu verteidigen. Einer Cohorte fiel daher mindestens die Verteidigung von 212 m Mauerlänge zu; 12 Cohorten würden demgemäss 2544 m verteidigt haben. Da die Caesarfestung ohne Rheinlinie 2436 m Front hatte, blieb für die Verteidigung von Caesars Rheinlinie ½ Cohorte übrig, welche wegen des Schutzes, den der Strom bot, genügte. Caesars Rheinfestung konnte aber um so leichter von 12 Cohorten verteidigt werden, als Zwinger, Schanzen und Aussengraben noch eine besondere Deckung boten, die in der Grenzfestung von Novaesium fehlte. Ähnliche Umfassungsausdehnung wie Novaesium hatten bekanntlich auch die für je 1 Legion bestimmten röm. Standlager von Bonn, Carnuntum und Lambaesis.

Geschichte dieser uralten militärischen Stätte ist der auf dem Grundriss Taf. I und bei dem Grundriss der Linien Taf. II zu sehende Palissadengraben. Derselbe hat in der Strecke Taf. II bei No. 3 e—f einen mit dem Grabeneinschnitt der Caesarfestung auffallend ähnlichen Querschnitt wie Taf. I, Fig. 3 bei d zeigt. Allein schon in geringer Fortsetzung ist er nicht mehr so tief und zeigt mehr die Form eines kleinen Spitzgrabens. In dieser Form fand man auch etwa 50 m südlich des Drususcastells ein im Winkel zu jenem gelegenes Gräbchen, das die Südflanke der Verschanzung darzustellen scheint. Die von Süden nach Norden gerichtete Linie wurde von den Bimssteinarbeitern auch nördlich der Rheinstrasse angeblich bis zum Rhein verfolgt. Von hier aus bis zu dem angeführten Quergraben sind 430 bis 450 m. In Bezug auf die Zeitstellung dieser Anlage habe ich beobachtet, dass das Gräbchen, wo es die Linien der Caesarfestung bei Taf. II, Nr. 3 durchschnitt, in dem angefüllten Boden der Gräben zu sehen war. Die Palissadenwand, welche dieses Gräbchen hielt, kann daher nur nach Aufgabe der Caesarfestung errichtet worden sein. In welchem Verhältnis sie zum Drususcastell steht, mit dessen Linien sie sich kreuzt, konnte ich bisher nicht ermitteln. Durchschneidet sie den zugefüllten Graben, so kann sie nur nach Hadrian gezogen werden. Also auch hierüber würde wohl die fernere Grabung Aufschluss geben.

Grabungen zur Feststellung des ersten Rheinüberganges. Nachdem Caesars zweiter Rheinübergang festgestellt worden, lag der Gedanke nahe, auch die Stelle des ersten zu ermitteln. In einer Entfernung von 1270 m unterhalb der Westflanke des zweiten Rheinüberganges hat Strombaumeister Isphording Pfähle ausgebaggert und für Reste von Caesars zweiter Bockbrücke erklärt. Die Errichtung einer Bockbrücke über den Rhein ist freilich für die damalige Zeit ein geschichtliches Ereignis. Auch liegt die Urmitzer Festung nicht 1 römische Meile, also im Sinne Caesars nur ein wenig oberhalb, „paulum supra", der Isphordingschen Fundstelle. Ich hatte an der Koblenzer Strasse einen Sohlgraben gesehen, der die Isphordingsche Fundstelle in breitem Bogen vom Rheine aus zu umschliessen schien. Ich glaubte hier das firmum praesidium feststellen zu können. Das Museum beauftragte mich daher mit dem Versuch, die Linien durch Grabungen zu verfolgen. Das Ergebnis ist folgendes: Wir fanden auf der Strecke vom Guten Mann aus bis zu der Fundstelle der Brückenpfähle hier und da Scherben von Gefässen der La Tène Zeit. Westlich vom Guten Mann durchschnitten wir einen umfangreichen, mit Mosaikestrich versehenen römischen Steinbau. Ungefähr 425 m unterhalb der Kapelle, wo weitere Ruinen römischer Steinbauten liegen, durchquerten wir mehrere spätrömische Töpferöfen. Hier begann auch ein Graben, der einem römischen Spitzgraben ähnlich sah. Allein meine Grabungen ergaben, dass dieser und auch der bei Weissenthurm gefundene Sohlgraben, sowie die übrigen hier angetroffenen kurzen Gräben in den primären Bimssteinschichten aus den Tagen der Rheinübergänge der Franzosen im vorigen Jahrhundert herrühren. Es waren Lauf- und Schützengräben, sowie andere Verschanzungsreste, die nicht nur durch Profile, sondern auch durch die aus irdener und Glasware, sowie aus Thonpfeifchen bestehenden, auf der Sohle der Gräben lagernden Kulturreste damaliger Zeit ihren Ursprung verrieten. Das „firmum praesidium" des ersten Rheinüberganges hatte allerdings noch andere Zwecke als die „magnae munitiones" des zweiten Rheinüberganges. Jenes Castell konnte recht klein sein. Nun war aber der Brücke gegenüber vom Rhein ein Stück Land weggerissen worden. Der nächstfolgende Teil lag seit Jahrhunderten den Rheinüberschwemmungen ausgesetzt. Weitere Versuchsgrabungen erschienen daher zwecklos. Das Ergebnis der Grabungen ist immerhin wichtig: An der Bockbrücke Isphordings kann kein grosser Brückenkopf, kein grosses Castell gelegen haben. Die hier bei Grabungen angeschnittenen Spitz- und anderen Gräben sind nicht römisch, sondern rühren von den Franzosen her. Aber es ist dennoch jetzt, nämlich durch meinen Nachweis des zweiten Rheinüberganges Caesars ein wenig oberhalb der Isphording'schen Fundstelle, sehr wahrscheinlich, ja wohl fast gewiss geworden, dass Isphording, wenn auch nicht Caesars zweite Bockbrücke, so doch die von diesem Feldherrn zuerst errichtete gefunden hat; denn nach Caesar[1]) lag die zweite Brücke etwas oberhalb der ersten und die Überlieferung kennt in dieser Rheinstrecke keine anderen Bockbrücken.

---

1) B. J. VI, 9: „paulo supra eum locum, quo ante exercitum traduxerat."

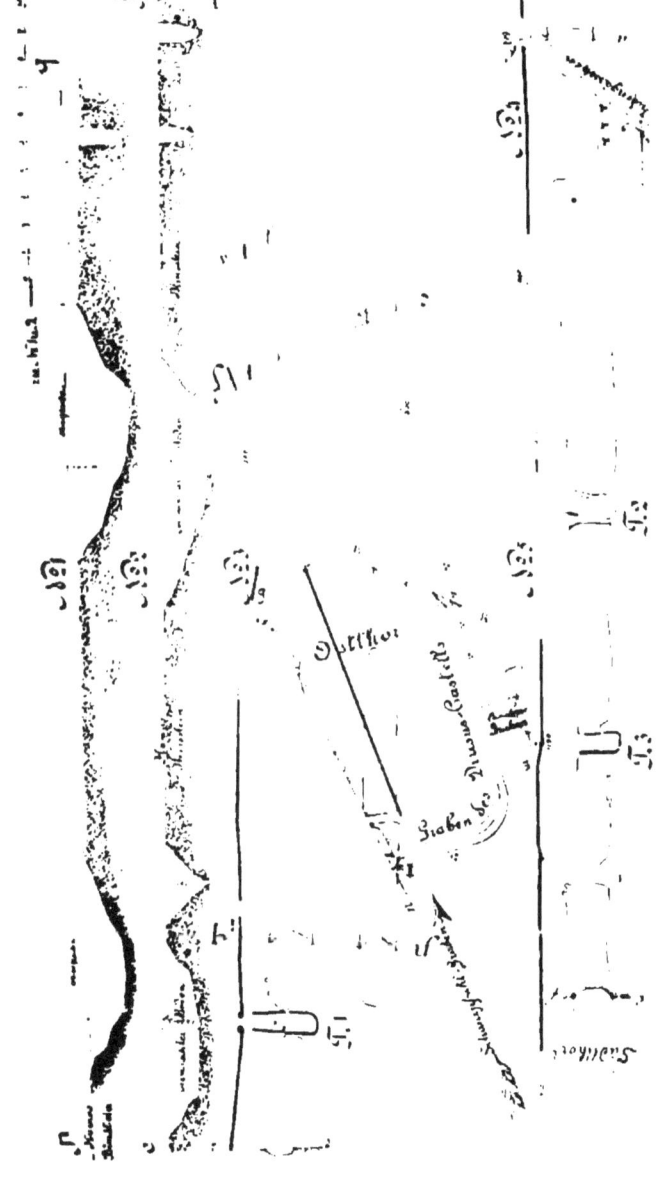

Querschnitt der Linien von Taf. II, Nr. 2; genommen Taf. II, bei Nr. 3 e—f.

Querschnitt der Linien, genommen Taf. II Nr. 3 bei g—h und i—k.

Fig. 1.

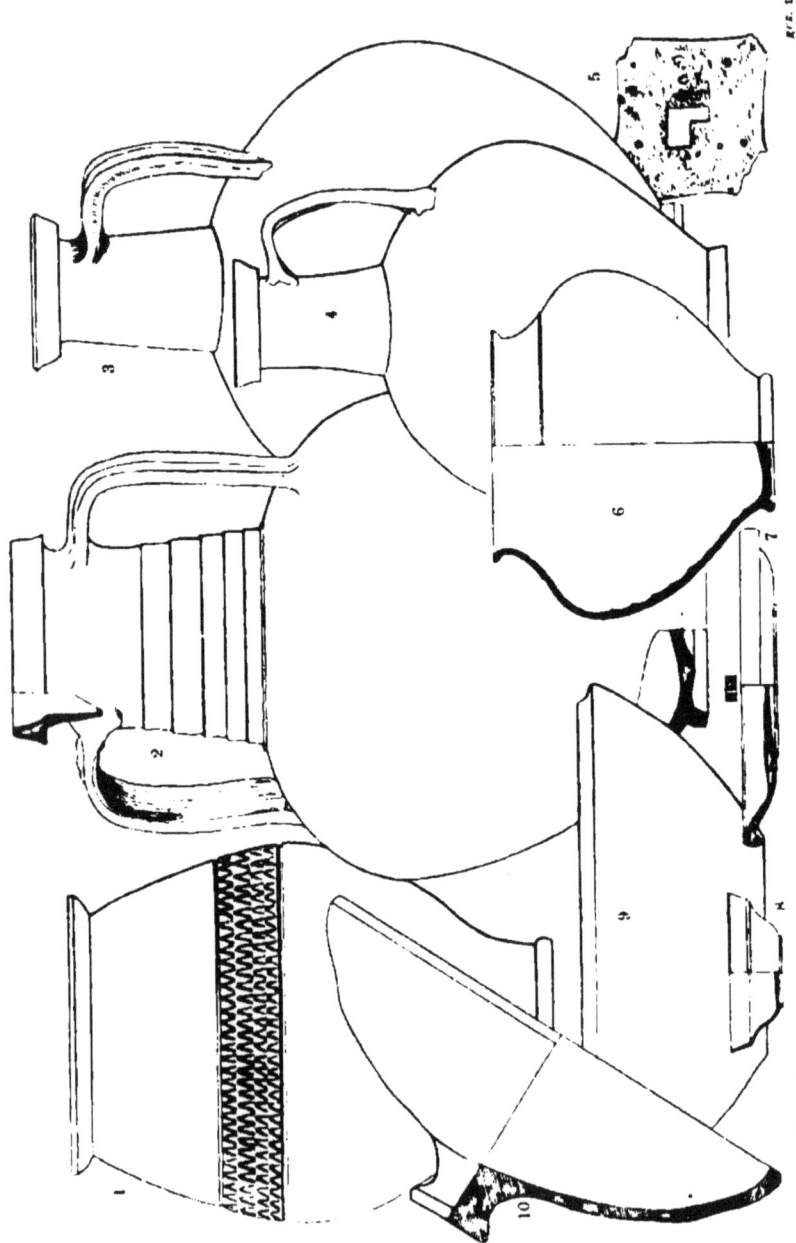

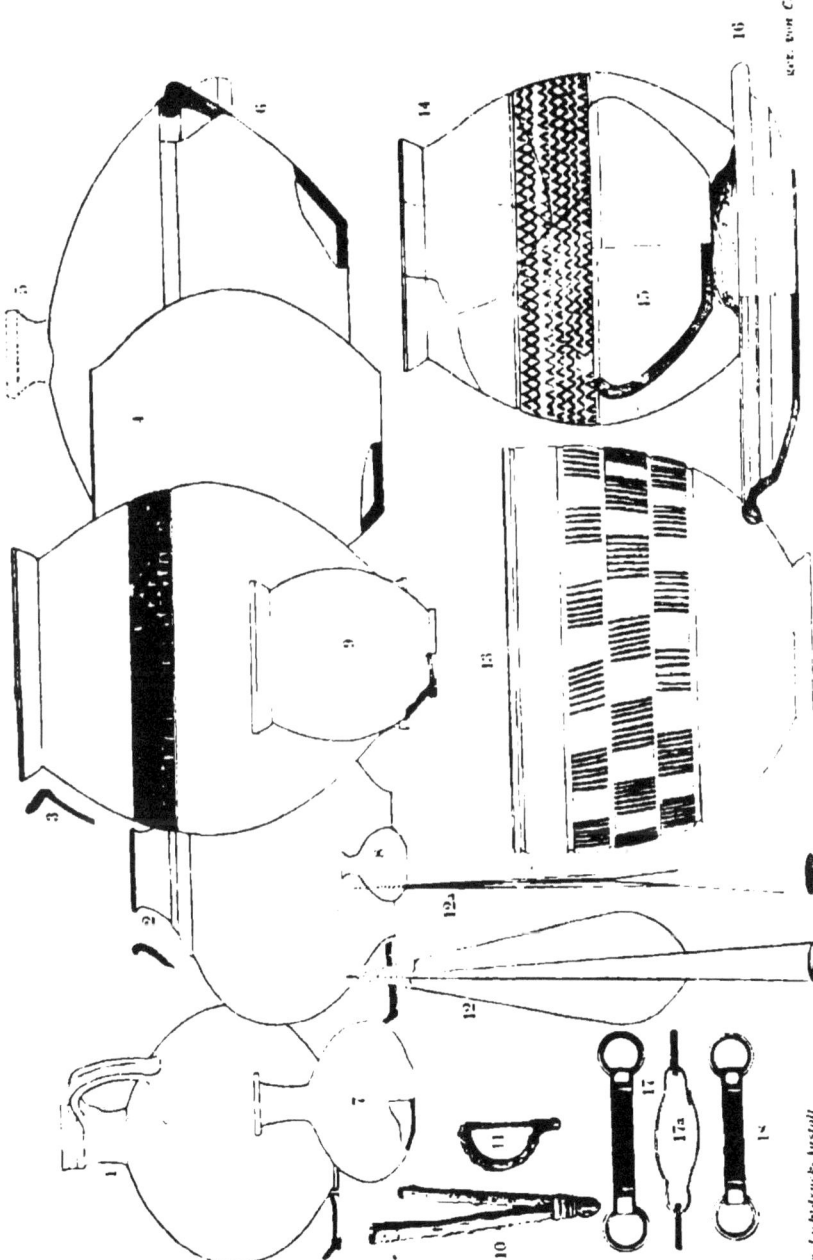

Aus Brandgräbern des Drususcastells.